101 IDEEN ZUM SELBERMACHEN FÜR A4 PAPIER

ILLUSTRATIONEN: SARAH DENNIS

TEXT: JUDITH HANNAM

Die englische Originalausgabe erschien 2015 unter dem Titel
„101 things to do with an A4 sheet of paper" bei: Kyle Books, ein Imprint von Kyle Cathie Ltd.

Projektmanagement: Katrin Hartmann
Übersetzung: Manuela Feilzer, Köln
Lektorat: Anja Detzel
Umschlaggestaltung: Katrin Röhlig
Zeichnungen Cover © istock: pdtnc (links), ivan_baranov (Mitte), jeremkin (rechts)
Satz: Claudia Adam – Graphik Design
Druck und Bindung: Malaysia

1. Auflage 2016

ISBN 978-3-7724-7637-2

Best.-Nr. 7637

AUSSCHNEIDEN & MALEN

1. Buchzeichen
2. Lesezeichen-Ecke
3. Exlibris
4. Puppen-Papierketten
5. Tier-Papierketten
6. Papierschlange
7. Schmetterlinge
8. Schwalben
9. Herzförmige Tortenspitze
10. Cupcake-Manschette
11. Roboter
12. Hampel-Affe
13. Schattenspielfigur: Meerjungfrau
14. Schattenspielfigur: Hasen
15. Kegelfingerpuppe: Katze
16. Kegelfingerpuppe: Hund
17. Fingerpuppen: Fußballer
18. Spiralschlange
19. Fingerpuppen: Goldlöckchen & Co.
20. Anziehpuppe
21. Papierweben
22. Ziffernschablone
23. Spinnennetz
24. Zaubertrick
25. Geschenkaufkleber
26. Tipi
27. Windrad
28. 3-D-Herz zum Valentinstag

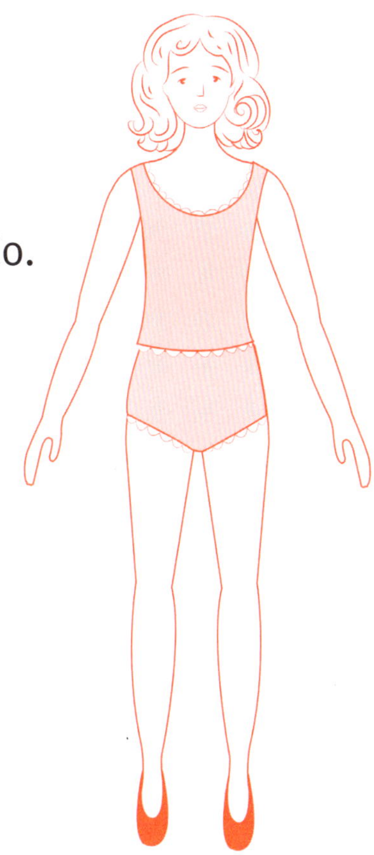

FALTEN

DEKORIEREN & FEIERN

MASKE, BART & PARTYHUT

KARTEN & UMSCHLÄGE

BUCHZEICHEN

Ausmalen und ausschneiden

DIESES BUCH GEHÖRT

....

DIESES BUCH GEHÖRT

....

DIESES BUCH GEHÖRT

....

DIESES BUCH GEHÖRT

....

Lesezeichen-Ecke

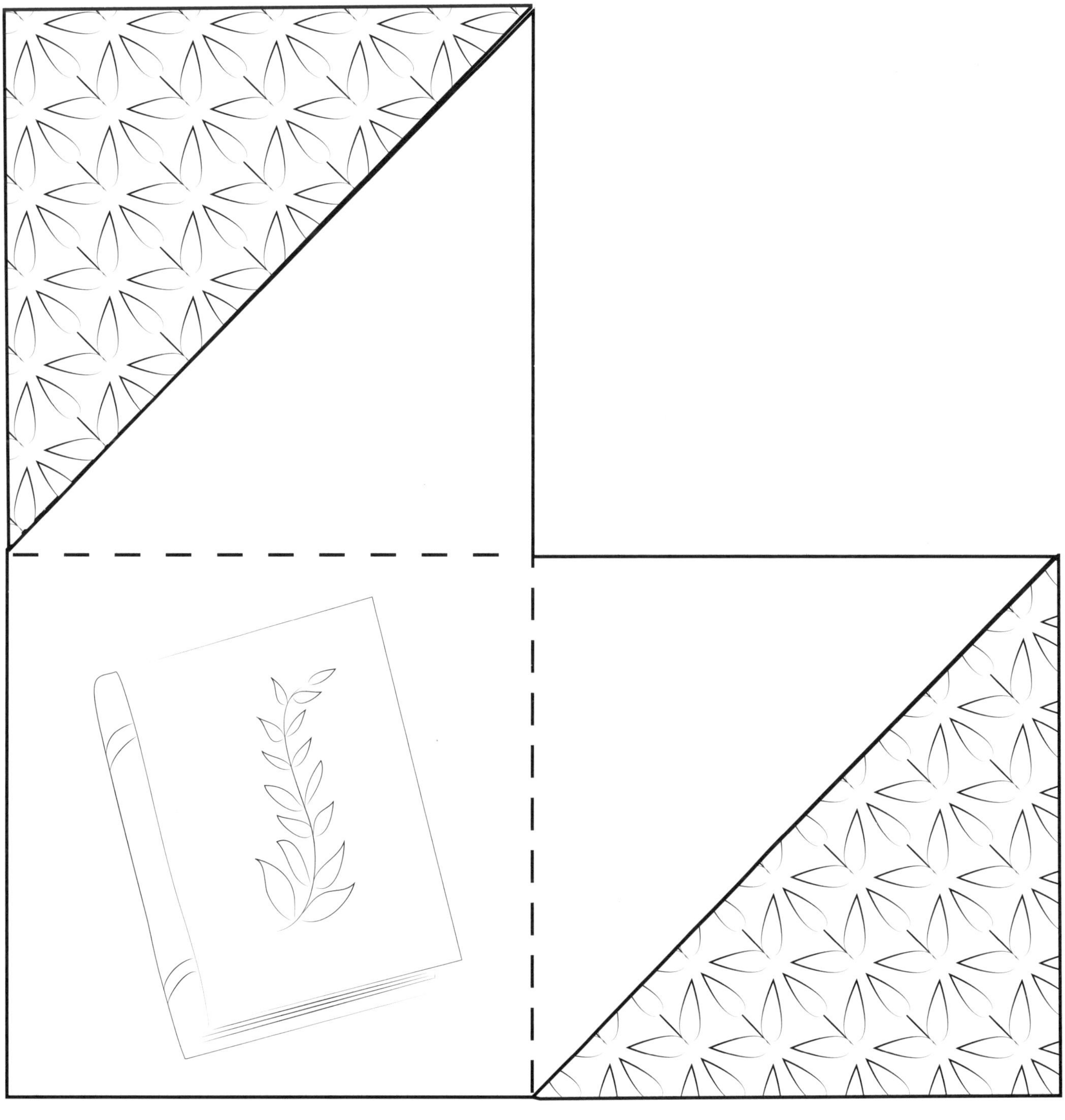

Malen Sie die obenstehende Vorlage aus, schneiden Sie sie dann aus und folgen Sie der Anleitung auf der nächsten Seite.

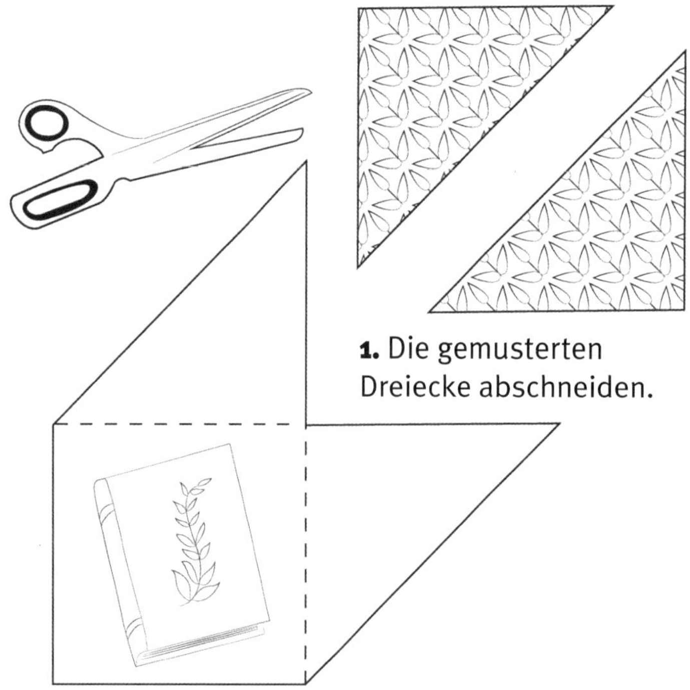

1. Die gemusterten Dreiecke abschneiden.

2. Die rechte Ecke nach hinten falten.

3. Die Unterseite der anderen Ecke mit Klebstoff bestreichen und auf die umgeklappte Ecke kleben. Wenn Sie möchten, können Sie das Lesezeichen so lassen.

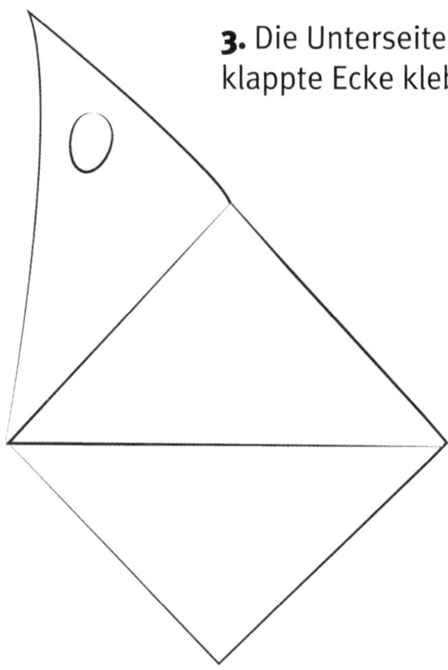

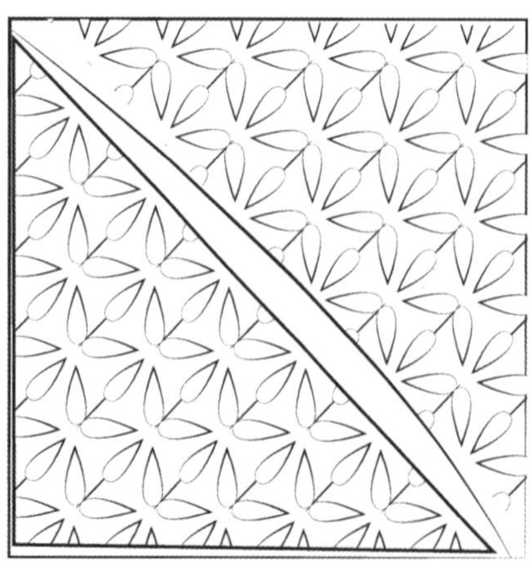

4. Alternativ eines der gemusterten Dreiecke auf die umgeklappten Ecken und das andere wie in der Abbildung auf die Unterseite des Lesezeichens kleben.

EXLIBRIS

Ex
Libris

EX
Libris

Puppen-Papierketten

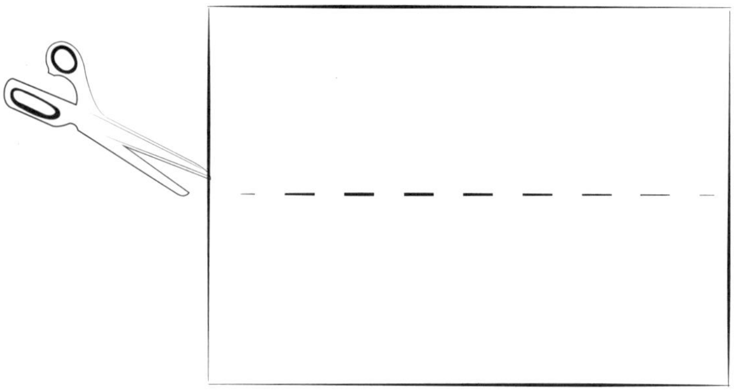

1. Das Blatt der Länge nach in der Mitte durchschneiden.

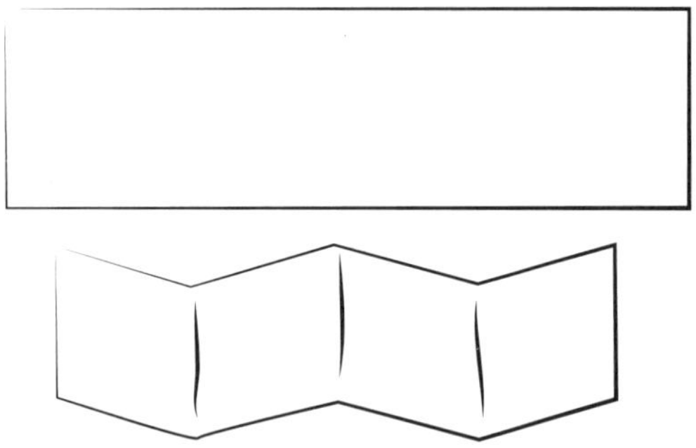

2. Beide Hälften in Ziehharmonikafaltung in vier Teile teilen.

3. Die Figur auf die jeweils oberste Lage zeichnen, dabei auf beiden Seiten einen Teil bis an den Rand reichen lassen.

4. Ausschneiden, entfalten und die beiden Ketten mit Klebstoff oder Klebefilm verbinden.

TIER-PAPIERKETTEN

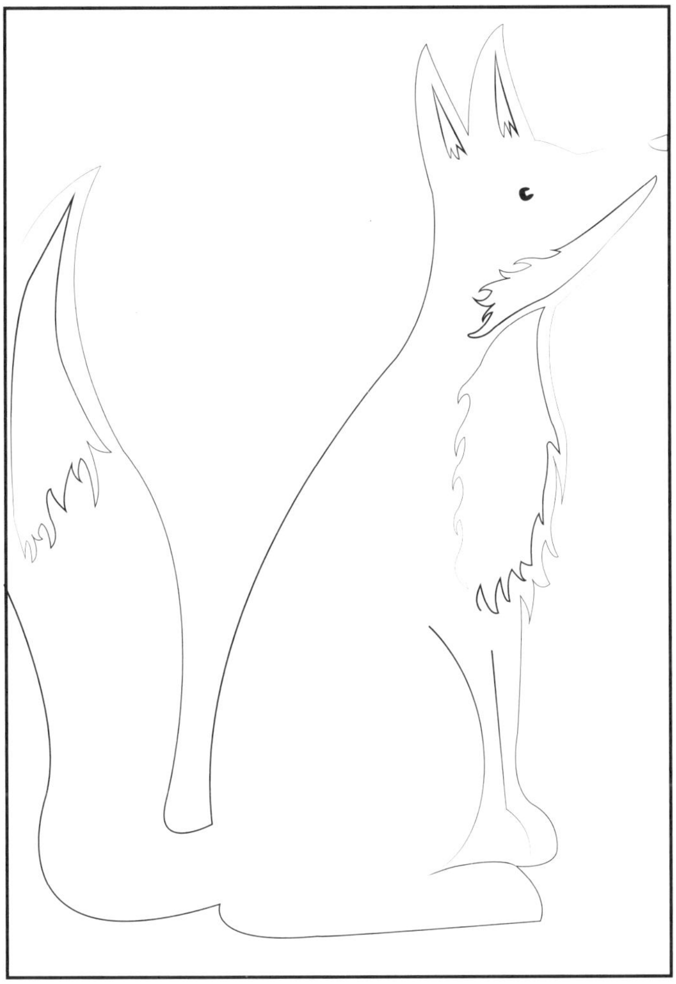

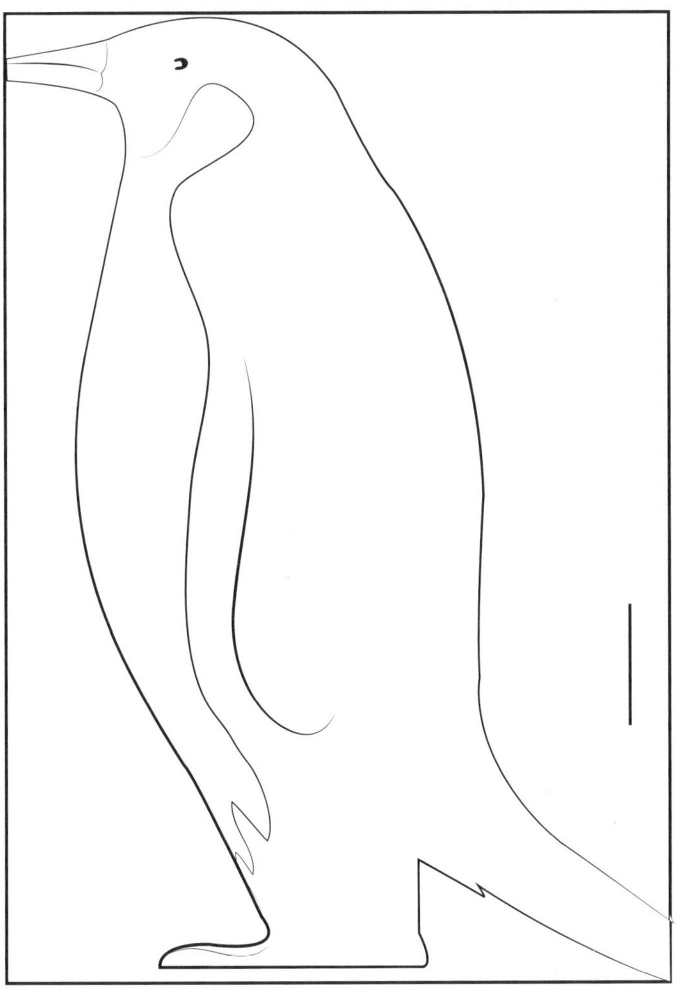

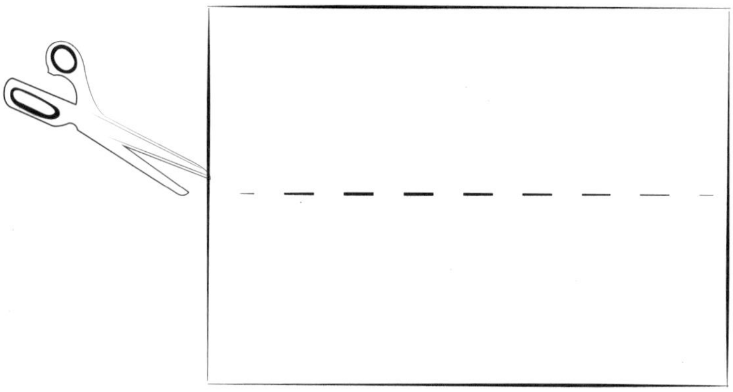

1. Das Blatt der Länge nach in der Mitte durchschneiden.

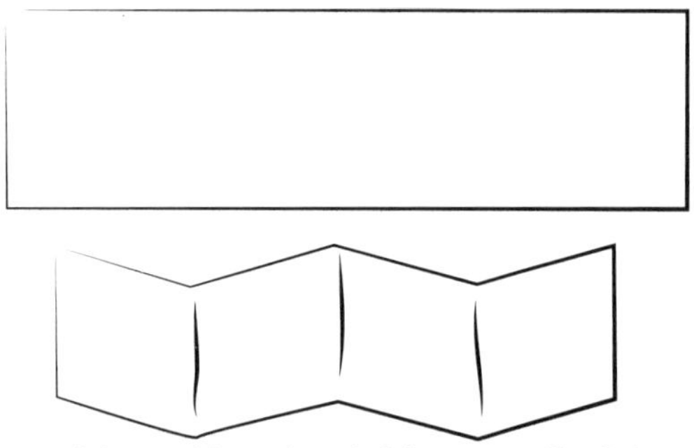

2. Beide Hälften in Ziehharmonikafaltung in vier Teile teilen.

3. Die Figur auf die jeweils oberste Lage zeichnen, dabei auf beiden Seiten einen Teil bis an den Rand reichen lassen.

4. Ausschneiden, entfalten und die Ketten mit Klebstoff oder Klebefilm verbinden.

Papier Schlange

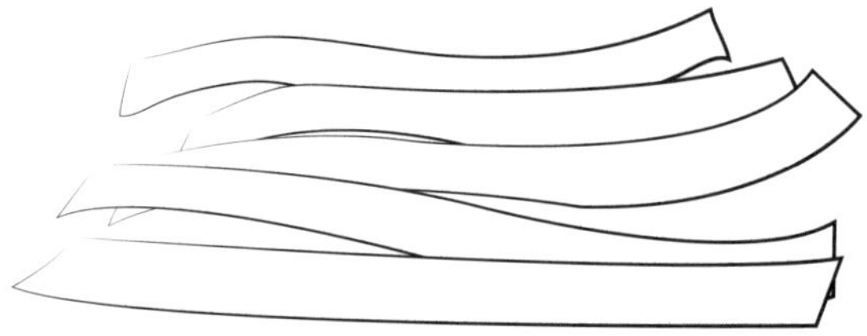

1. Das Blatt der Länge nach in sechs Streifen schneiden. (Oder aus zwei Blättern eine richtig lange Schlange basteln!)

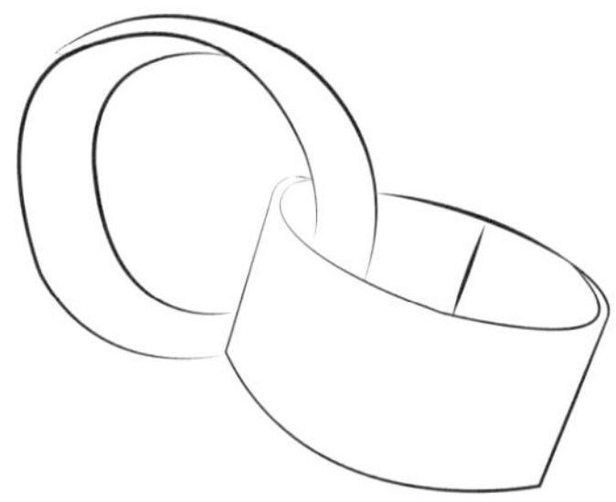

2. Vom Ende eines der Streifen 1 cm abschneiden und daraus die Zunge zuschneiden.

3. Die Enden des ersten Streifens zu einem Ring zusammenkleben oder -heften.

4. Den nächsten Streifen durch den Ring führen und wie in Schritt 3 fixieren. Wiederholen, bis die Schlange die gewünschte Länge erreicht hat.

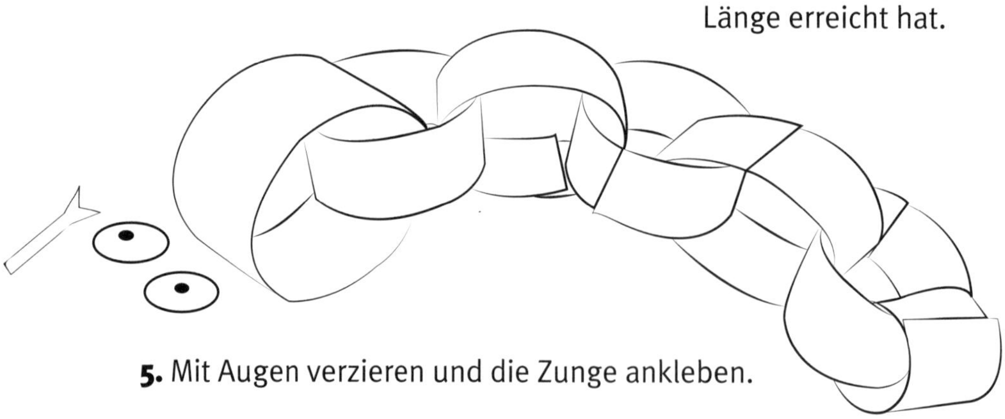

5. Mit Augen verzieren und die Zunge ankleben.

Schmetterlinge

Malen Sie die Vorlagen auf der nächsten Seite aus,
schneiden Sie sie aus und hängen Sie sie an Fäden auf oder nutzen
Sie sie einfach als (Tisch-)Dekoration.

Schwalben

Malen Sie die Vorlagen auf der nächsten Seite aus, schneiden Sie sie aus und hängen Sie sie an Fäden auf oder nutzen Sie sie einfach als (Brief-/Hochzeits-)Dekoration.

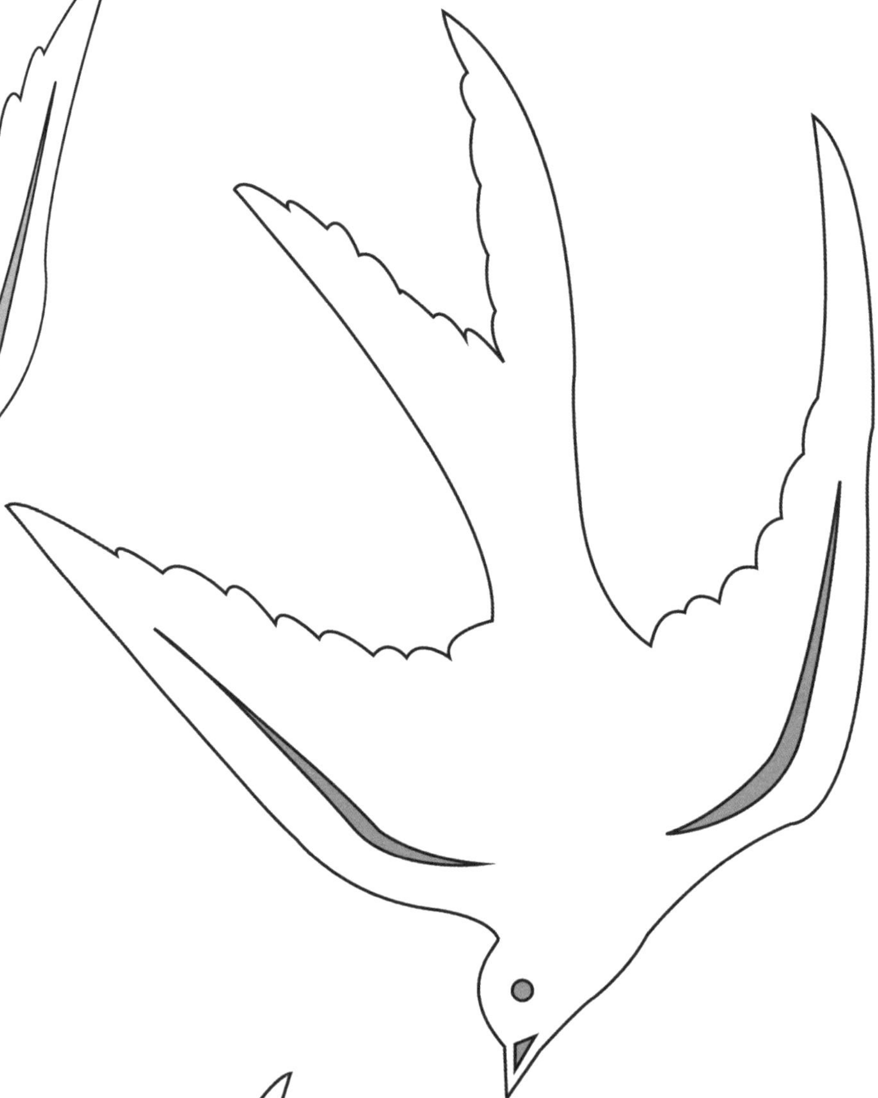

Herzförmige Tortenspitze

Die grau hinterlegten Bereiche auf einer Schneideunterlage mit einem Cutter ausschneiden. Die Schablone auf den fertigen Kuchen legen, mit Puderzucker bestäuben und vorsichtig abziehen.

Cupcake-Manschette

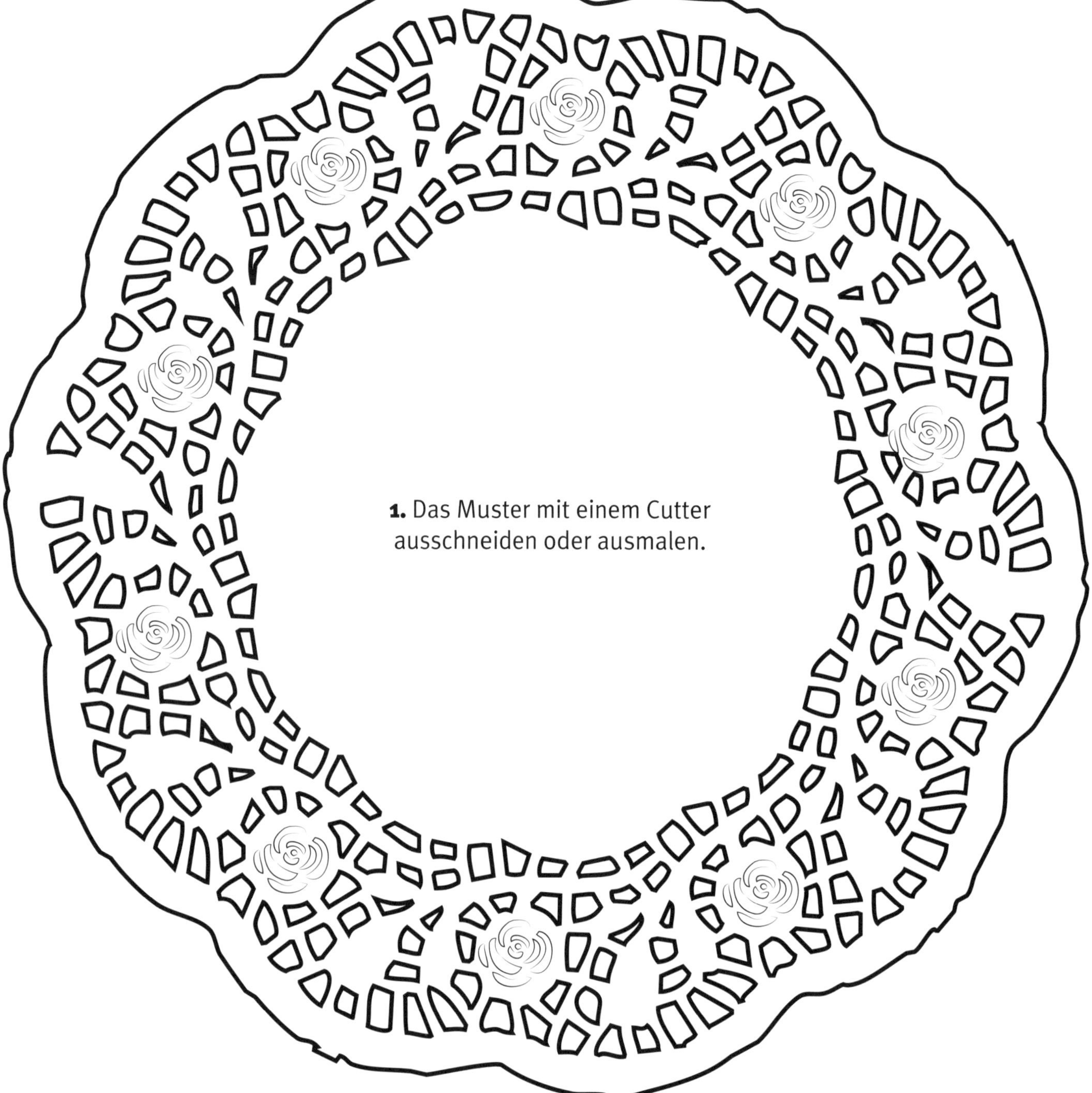

1. Das Muster mit einem Cutter ausschneiden oder ausmalen.

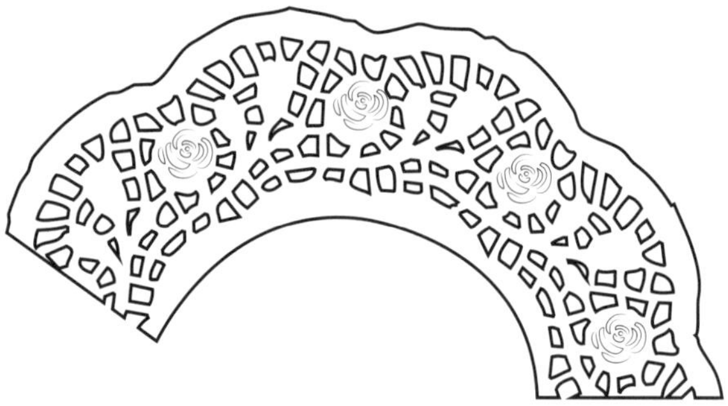

2. Die Manschette ausschneiden und halbieren, sodass zwei Halbkreise entstehen.

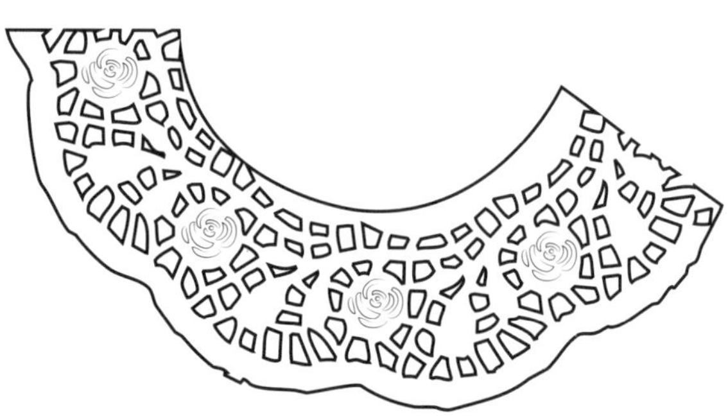

3. Einen der Halbkreise um einen Cupcake legen und mit ein wenig Glasur fixieren. Mit dem anderen Halbkreis wiederholen.

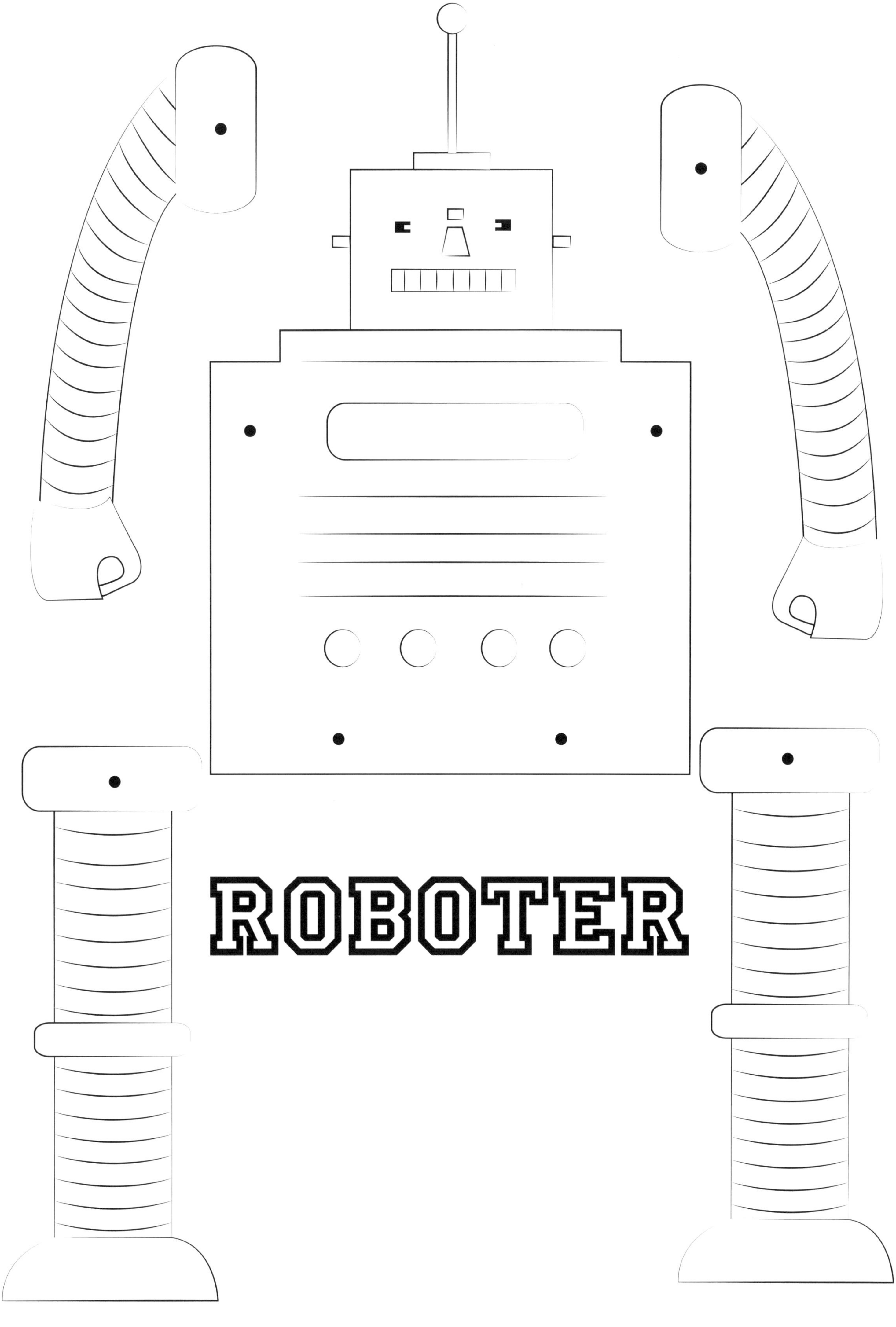
ROBOTER

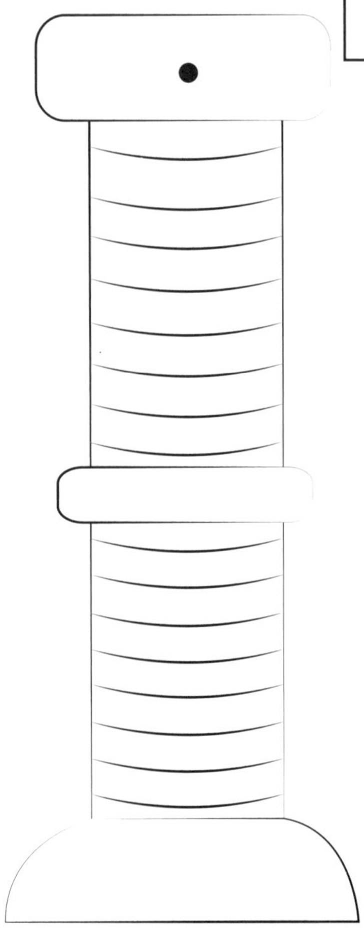

1. Die Roboterteile ausschneiden.

2. Mit einer Nadel oder der Spitze einer Schere Löcher in die Gelenke bohren.

3. Arme und Beine des Roboters mit Musterbeutelklammern am Körper befestigen.

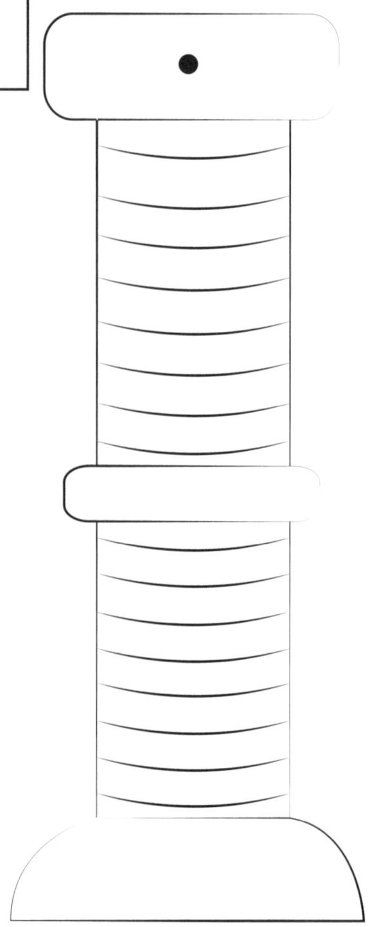

Hampel-Affe

1. Die Affenteile ausschneiden und mit einer Nadel oder der Spitze einer Schere Löcher in die Gelenke bohren.

2. Kopf und Extremitäten mit Musterbeutelklammern am Körper befestigen.

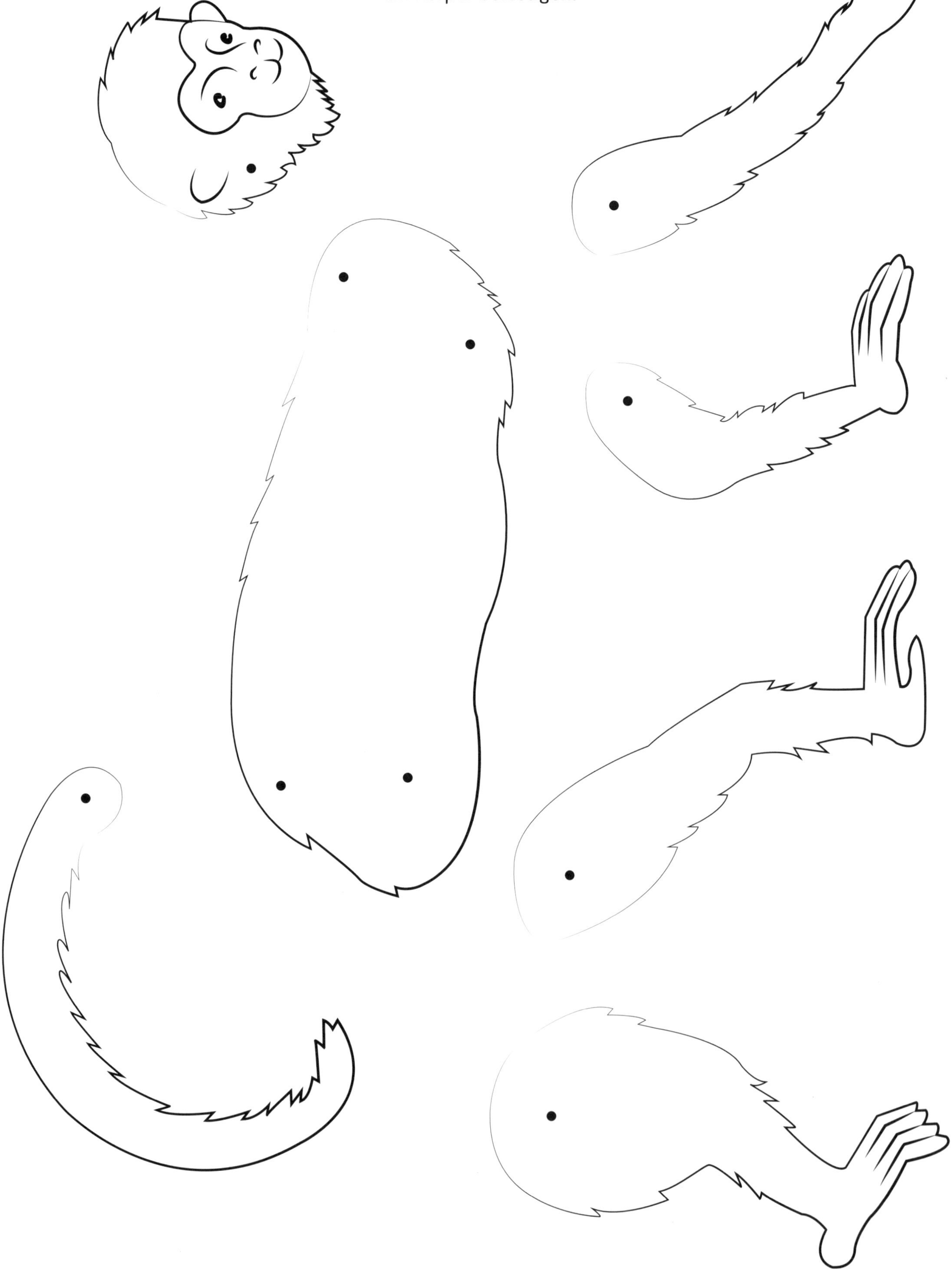

Schattenspielfigur: Meerjungfrau

1. Die Schablonen ausschneiden und mit Klebefilm an Bleistiften befestigen.

2. Für das Schattentheater benötigen Sie eine (lichtdurchlässige) Projektionsfläche für die Schatten. Dazu können Sie einfach ein weiteres Blatt Papier verwenden. Das Licht (Sonne/Lampe) muss auf die Projektionsfläche fallen. Nun wird jeder Gegenstand, den Sie zwischen der Lichtquelle und der Projektionsfläche platzieren, darauf einen Schatten werfen.

Schattenspielfigur: Hasen

1. Die Figuren ausschneiden und mit Klebefilm an Stiften befestigen.

2. Für das Schattenspiel brauchen Sie einen (lichtdurchlässigen) „Bildschirm“ für die Schatten. Hierzu können Sie einfach ein weiteres Blatt Papier verwenden. Das Licht muss auf die Projektionsfläche fallen. Nun wird jeder Gegenstand, den Sie zwischen der Lichtquelle und der Projektionsfläche platzieren, einen Schatten werfen.

Kegelfingerpuppe

Katze

1. Die Katze ausmalen.

2. Den Körper ausschneiden, die Längskante auf einer Seite mit Klebstoff bestreichen und die Seiten zu einem Kegel zusammenkleben, der auf einen Finger passt.

3. Den vorderen und den hinteren Teil des Kopfes ausschneiden und am Körper befestigen. Zum Schluss noch den Schwanz ausschneiden und hinten an den Körper kleben.

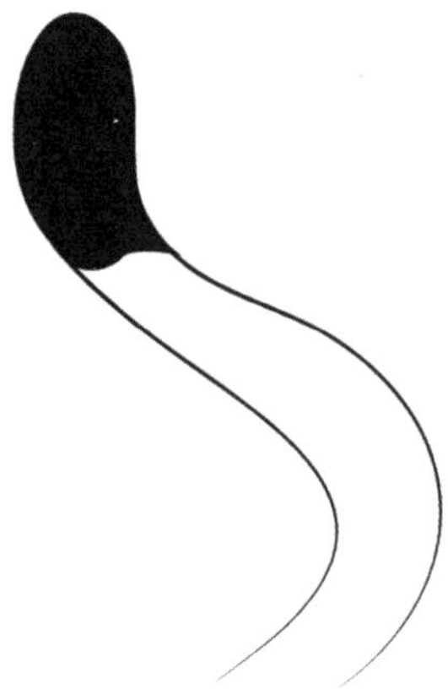

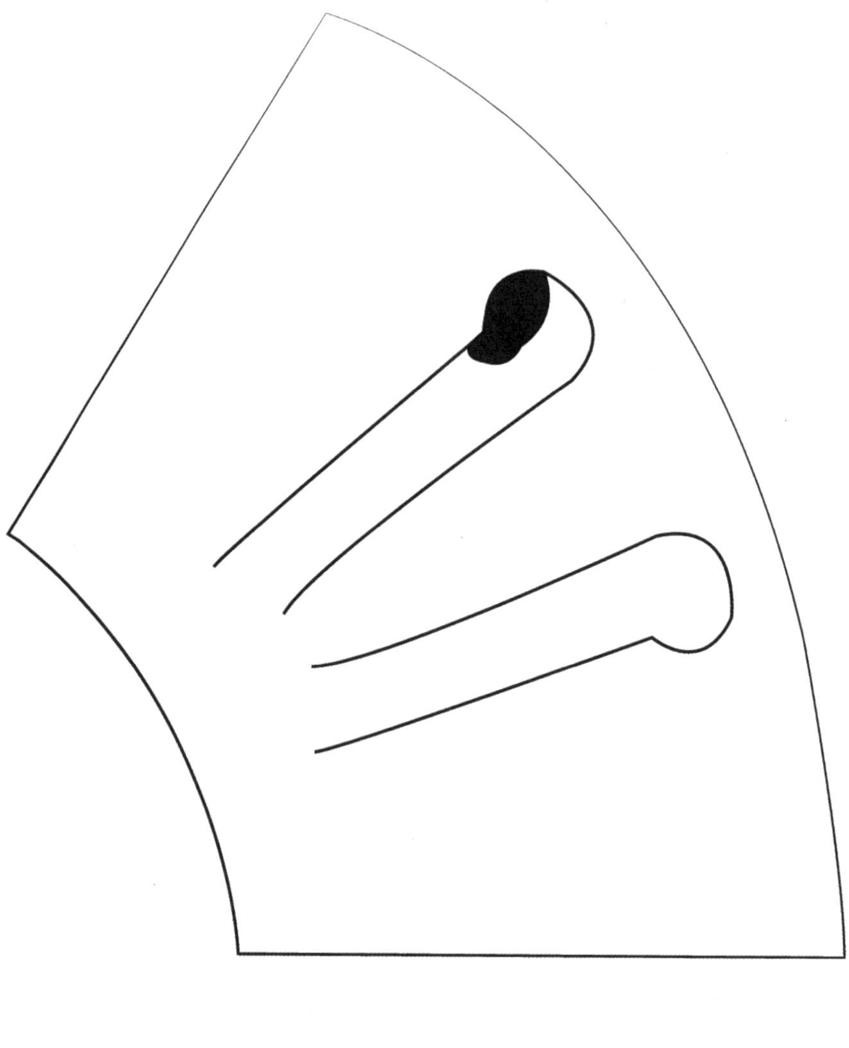

Kegelfingerpuppe

Hund

1. Den Hund ausmalen.

2. Den Körper ausschneiden, die Längskante auf einer Seite mit Klebstoff bestreichen und die Seiten zu einem Kegel zusammenkleben, der auf einen Finger passt.

3. Den vorderen und den hinteren Teil des Kopfes ausschneiden und am Körper befestigen.

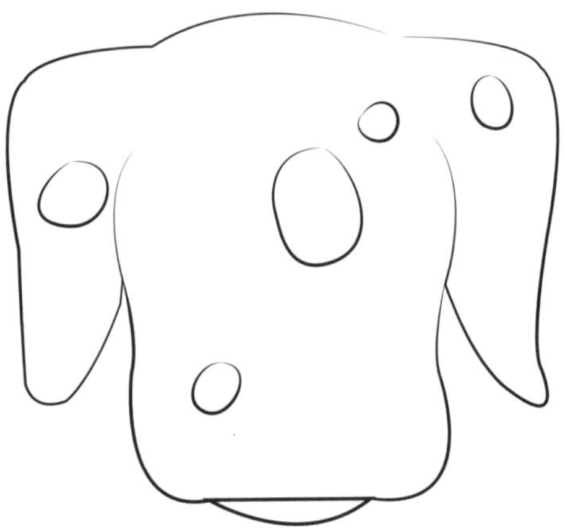

Fingerpuppen: Fußballer

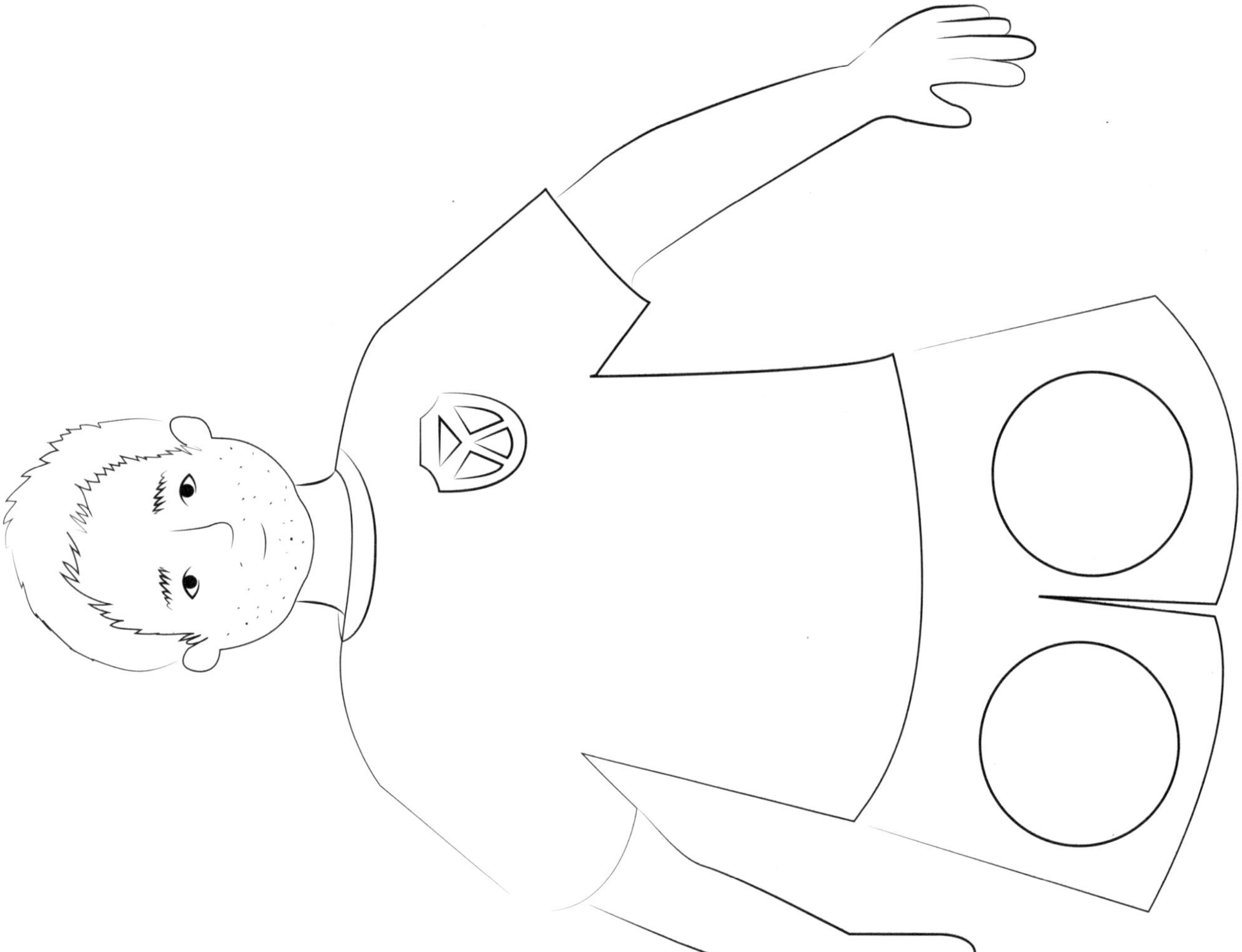

1. Bemalen Sie die Fußballer in den Farben Ihrer Mannschaft.

2. Schneiden Sie die Figuren aus, dabei nicht die Löcher für die Finger vergessen, und spielen Sie mit einem zusammengeknüllten Papierball Fußball auf dem Tisch (gegen einen würdigen Gegner).

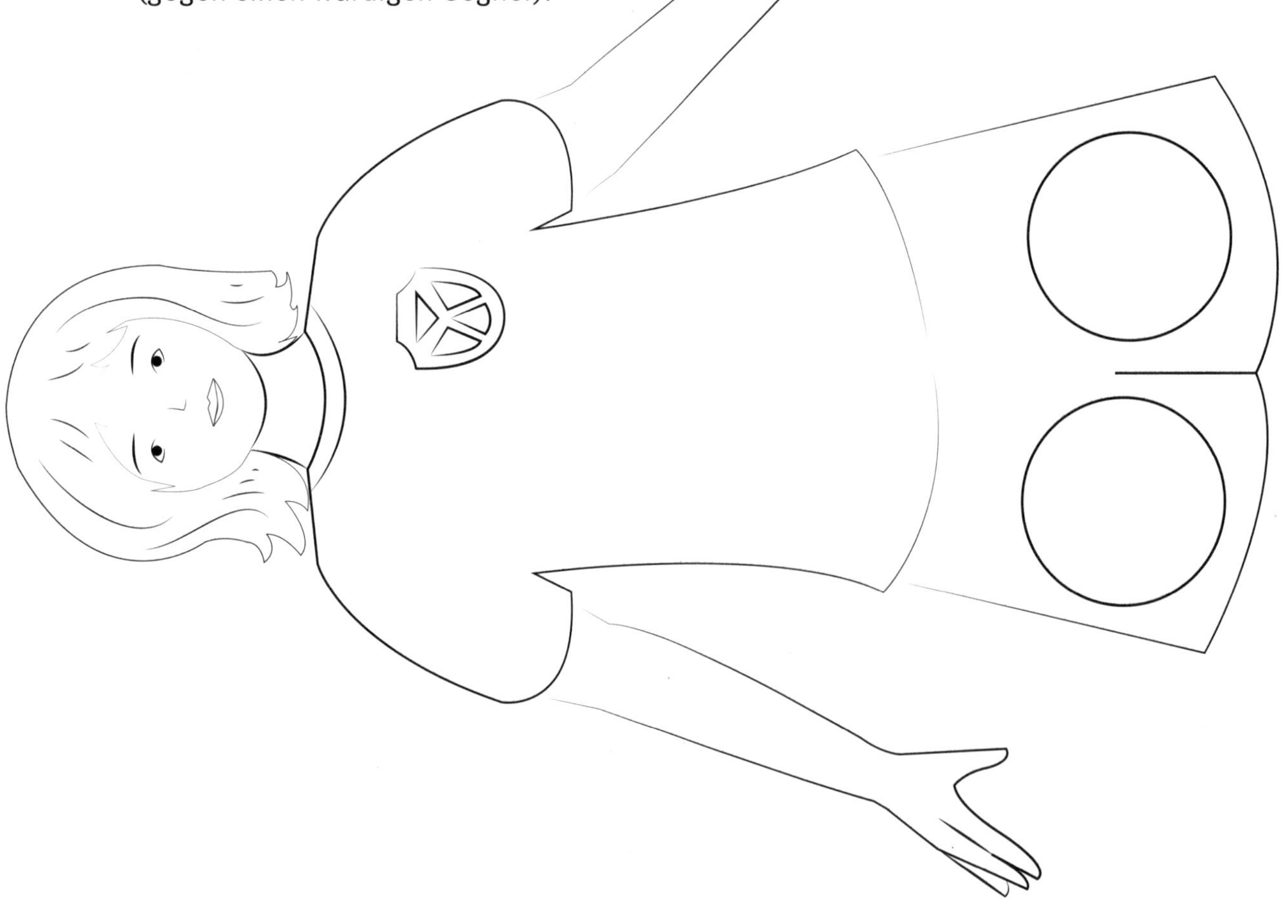

Spiralschlange

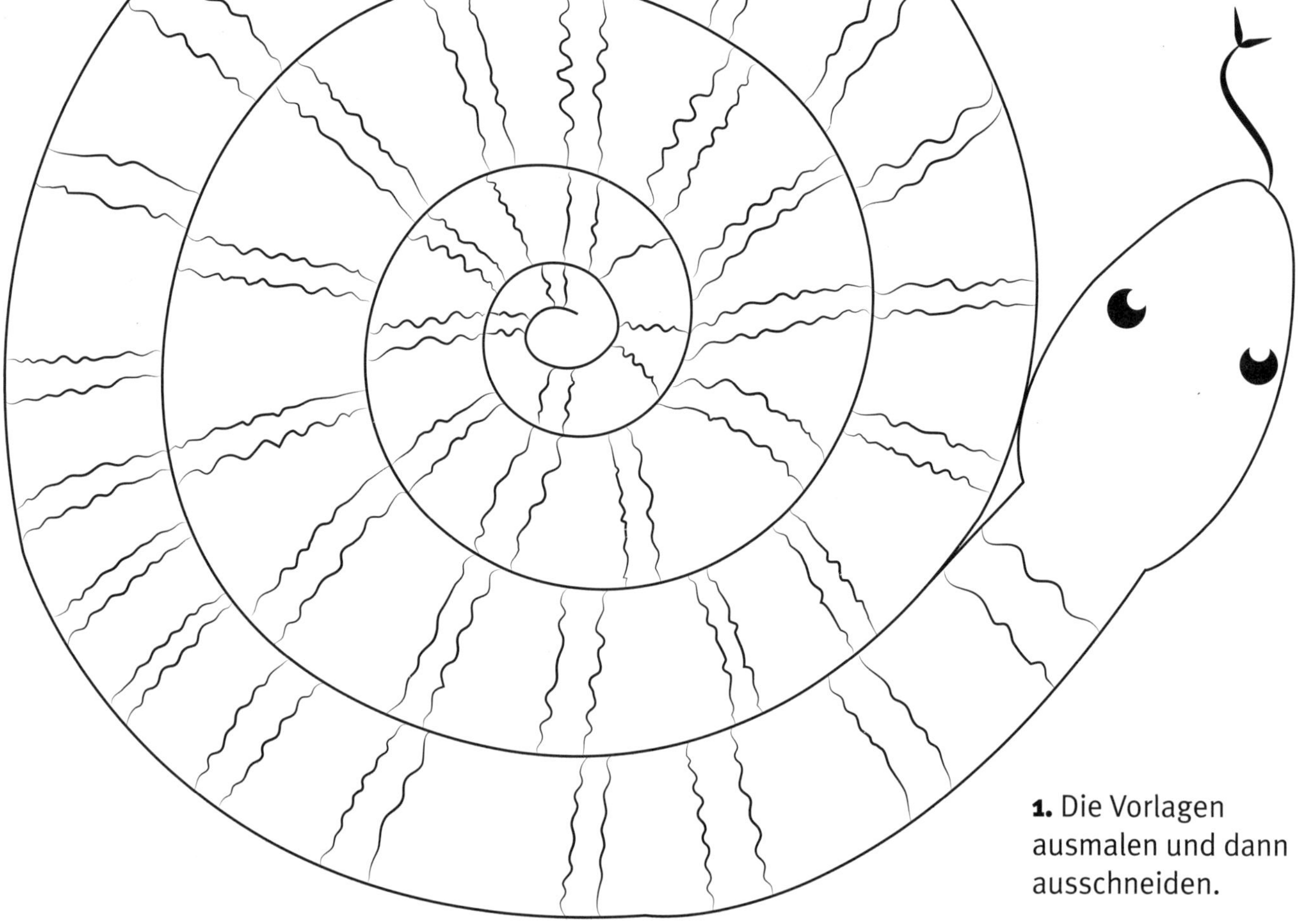

1. Die Vorlagen ausmalen und dann ausschneiden.

2. Die Schlange um eine Lampe oder einen anderen Gegenstand winden.

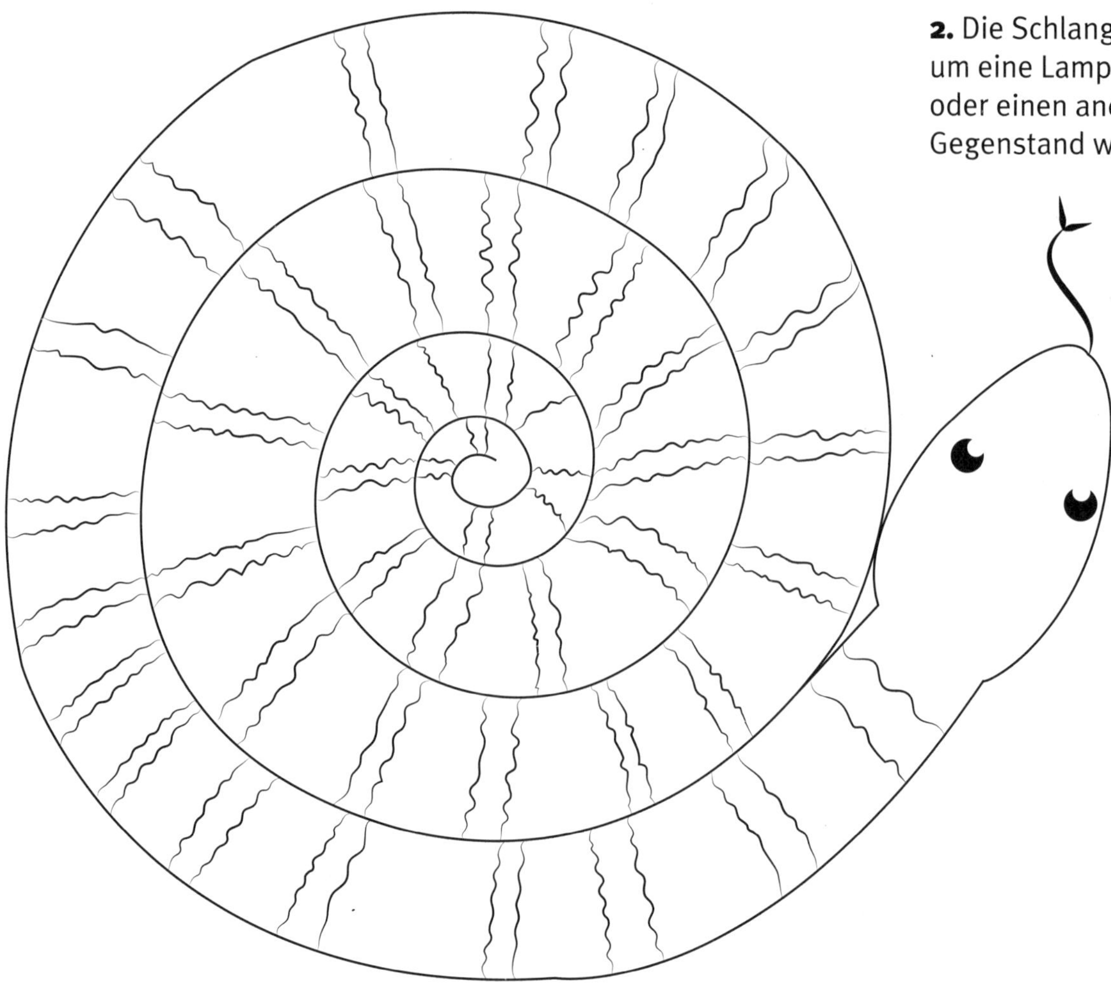

Fingerpuppen: Goldlöckchen & Co.

Ausmalen und dann ausschneiden. Die Enden der Streifen zusammenkleben und die Fingerpuppen auf die Fingerspitzen stecken.

Anziehpuppe

Papierweben

1. Das DIN-A4-Blatt in ein Quadrat verwandeln. Dazu die obere Ecke an den gegenüberliegenden Rand falten (nicht falzen). Das Rechteck unter dem entstandenen Dreieck abschneiden.

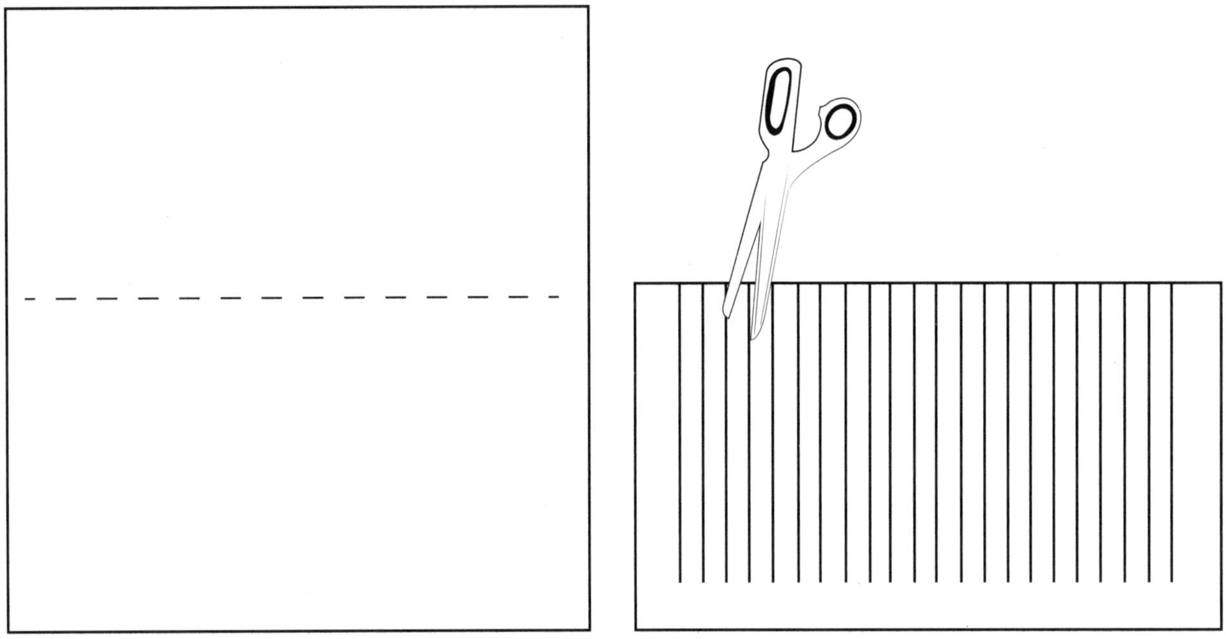

2. Das Quadrat in der Mitte falten und von der Faltkante bis etwa 1,5 cm vor der Papierkante in gleichmäßige Streifen schneiden.

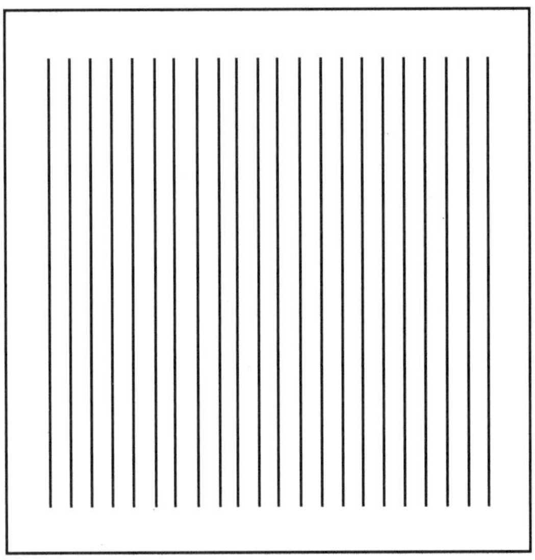

3. Das Blatt wieder entfalten.

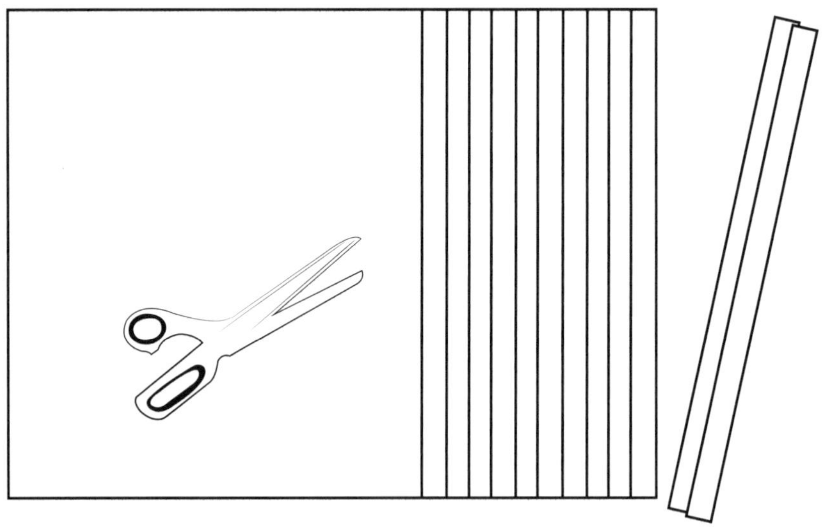

4. Ein weiteres DIN-A4-Blatt der Länge nach in Streifen schneiden.

5. Auf und ab: Einen der Streifen von oben durch die Schlitze in dem Papierquadrat weben. Einen zweiten Streifen in entgegengesetzter Richtung zum ersten weben. Wiederholen, bis das Quadrat voll ist.

6. Den überstehenden Teil der Streifen nach innen falten und festkleben.

ZIFFERN-
SCHABLONE

1/2/20

1.2.20

Die Schablone auf der nächsten Seite ausschneiden
und mit Kreidespray aussprühen.

1 2 3 4 5 6 7

8 9 10 11 12 13

14 15 16 17 18

19 20 / .

Spinnennetz

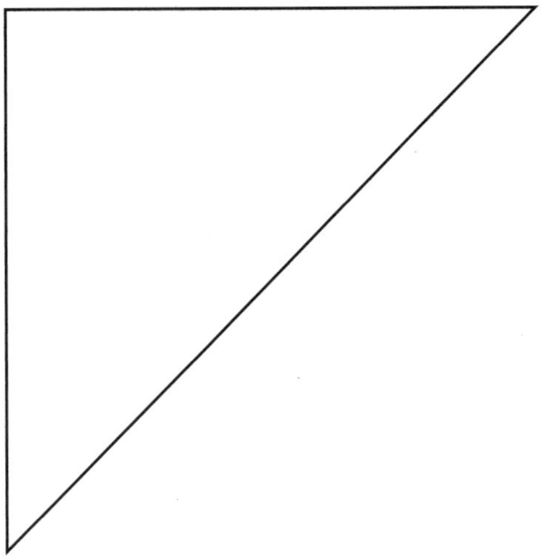

1. Das DIN-A4-Blatt zu einem Quadrat falten. Dazu die untere Ecke an den gegenüberliegenden Rand falten. Das überstehende Rechteck abschneiden.

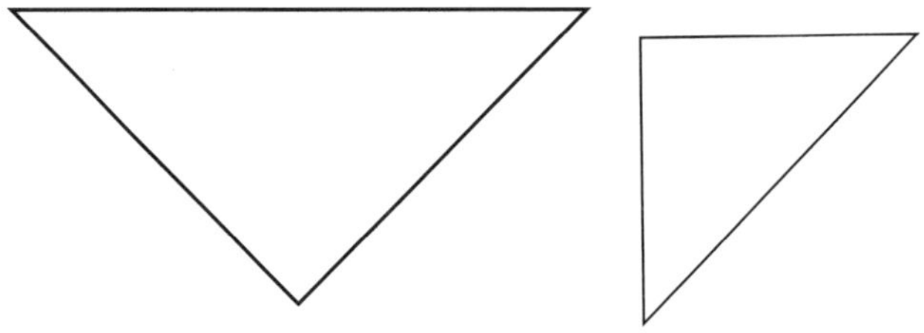

2. Das Dreieck halbieren, dazu die linke untere Ecke zur rechten oberen Ecke falten. Noch einmal falten, sodass ein kleineres Dreieck entsteht.

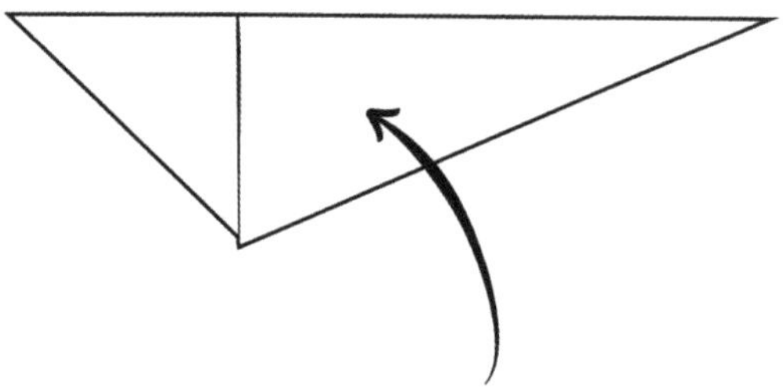

3. Die lange Seite zeigt nach oben. Nun die rechte untere Seite wie in der Zeichnung abgebildet nach oben an die lange Seite falten.

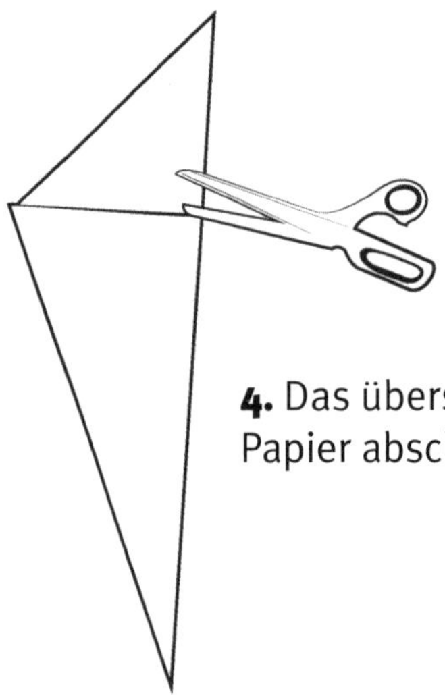

4. Das überstehende Papier abschneiden.

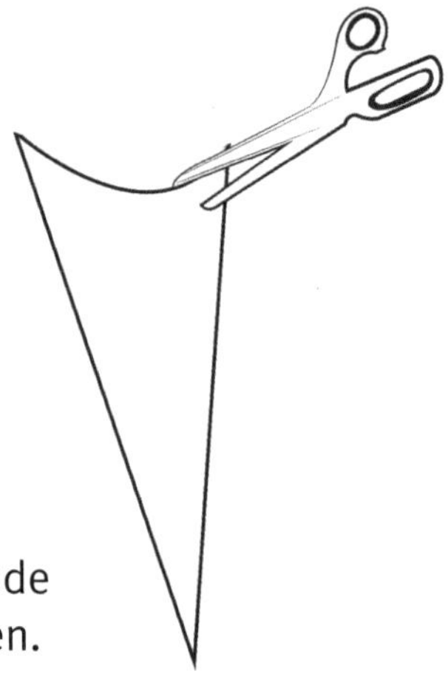

5. Zwischen den beiden oberen Ecken einen Bogen schneiden.

6. An der Faltkante des Papiers entlang gebogene Streifen ausschneiden, die fast bis zum anderen Ende gehen. Auseinanderfalten.

ZAUBERTRICK

Verblüffen Sie Ihre Freunde:
Sie können durch ein DIN-A4-Blatt steigen!

1. Das Blatt längs halbieren und 15 mm vom Rand entfernt einen Streifen schneiden, der von der Faltkante bis 15 mm vor den offenen Papierkanten führt, sodass das Papier in einem Stück bleibt.

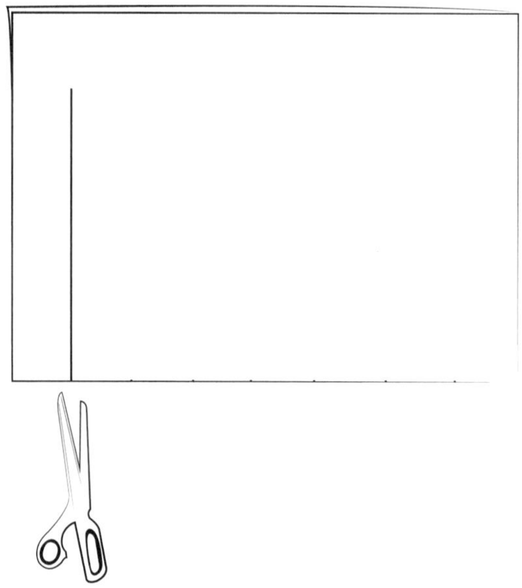

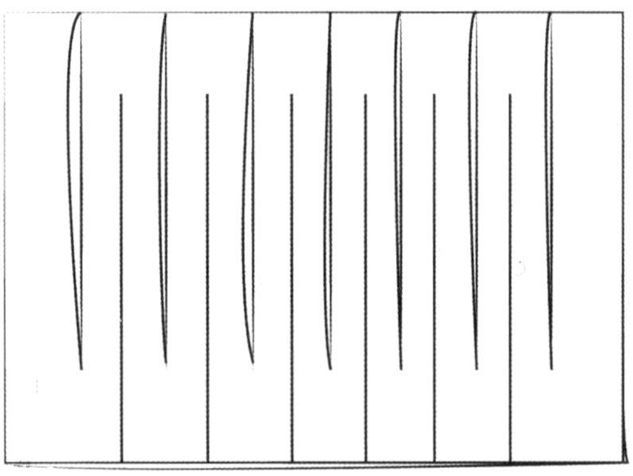

2. Weitere Schnitte im selben Abstand anbringen, immer im Wechsel von den offenen Papierkanten aus, dann wieder von der Faltkante aus und so weiter. Darauf achten, dass der letzte Schnitt von der Faltkante ausgeht.

3. An der Faltkante entlang aufschneiden, dabei aber den ersten und den letzten Streifen intakt lassen.

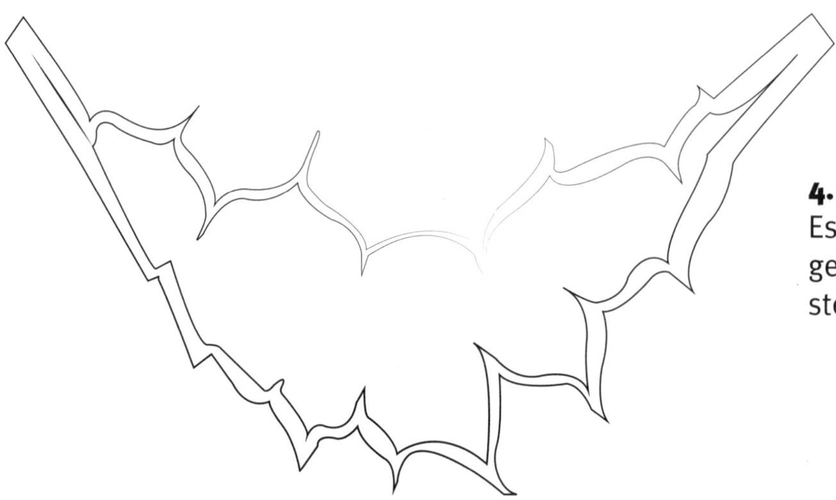

4. Das Papier auseinanderfalten. Es entsteht ein Kreis, der groß genug ist, dass Sie hindurchsteigen können.

GESCHENKAUFKLEBER

1. Die Anhänger auf der nächsten Seite ausmalen.

2. Einen Gruß daraufschreiben.

3. Auf das Geschenk kleben.

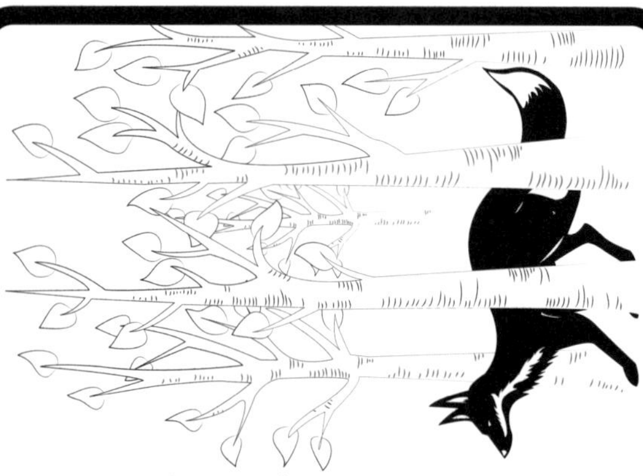

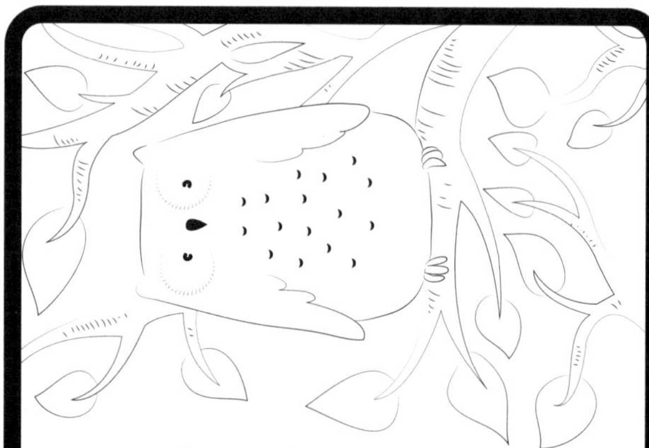

Típí

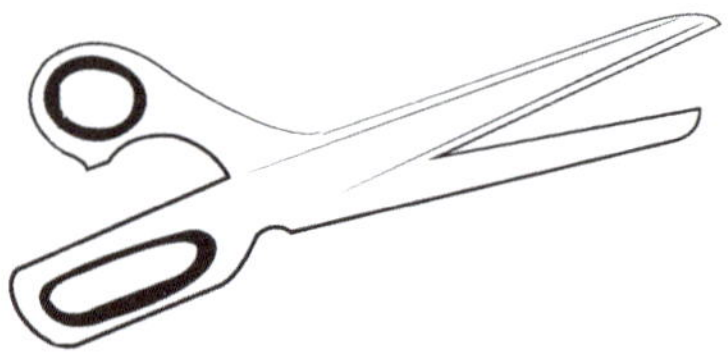

1. Die Vorlage auf der vorherigen Seite ausschneiden.

2. Entlang des Zelteingangs einkerben.

3. Die Tür aufschneiden und die Flügel nach außen falten.

4. Das Tipi zu einem Kegel formen und zusammenkleben.

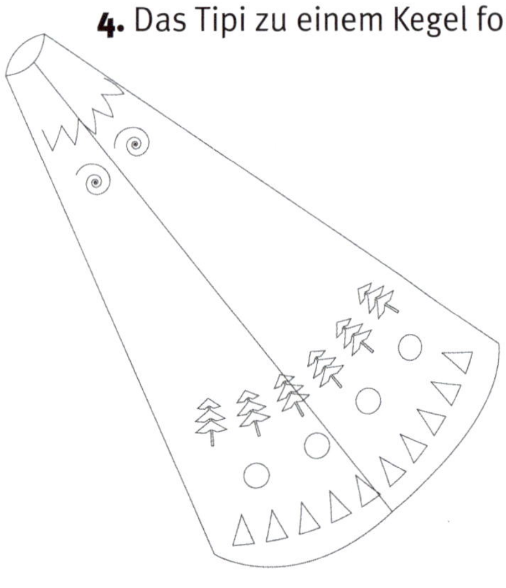

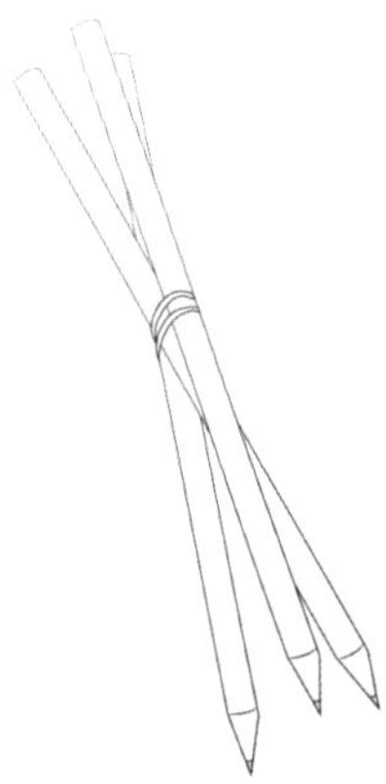

5. Einen Dreifuß aus drei Bleistiften und einem Gummiband bilden und die Spitzen der Stifte mit Klebefilm innen an das Tipi kleben.

Windrad

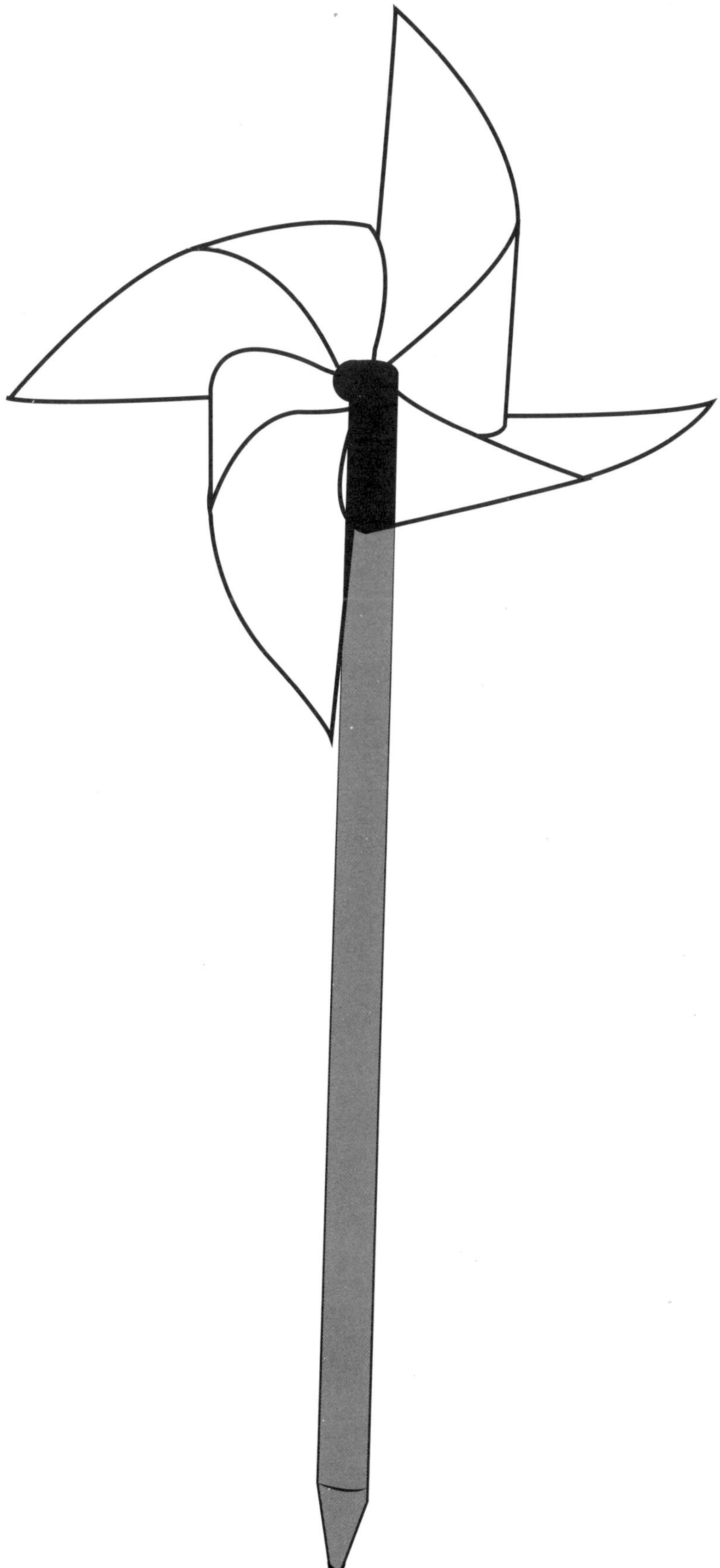

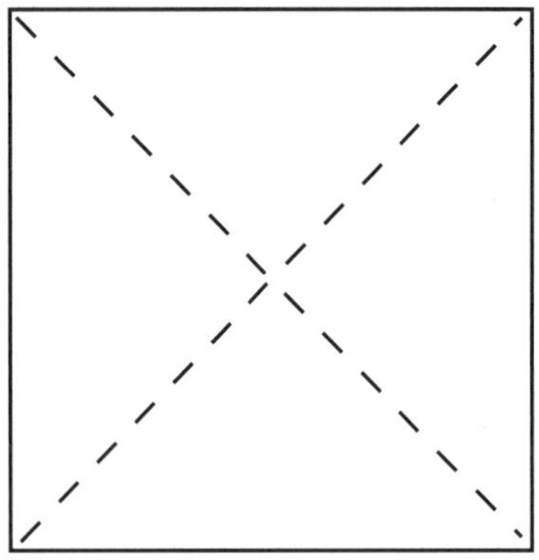

1. Ein 15 cm x 15 cm großes Quadrat zuschneiden.

2. Das Quadrat in der Diagonale falten und entfalten. Nun die andere Diagonale falten und entfalten.

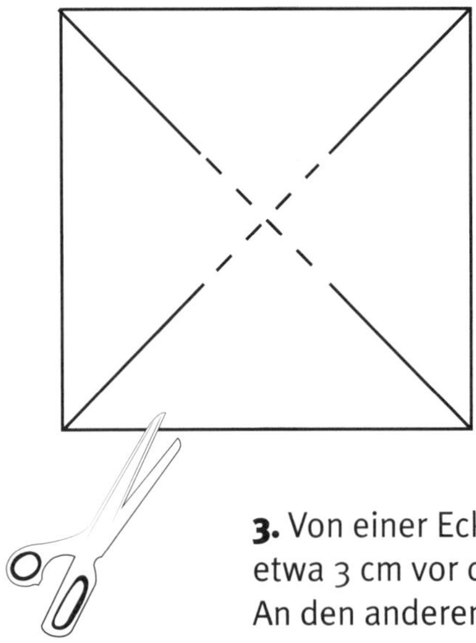

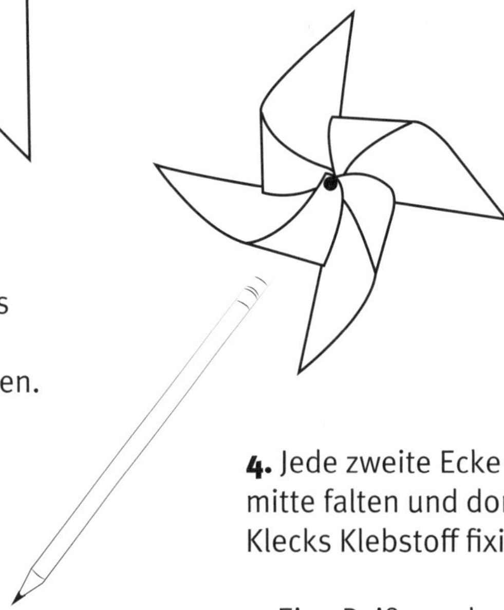

3. Von einer Ecke aus die Diagonale bis etwa 3 cm vor der Mitte einschneiden. An den anderen Diagonalen wiederholen.

4. Jede zweite Ecke zur Papiermitte falten und dort mit einem Klecks Klebstoff fixieren.

5. Eine Reißzwecke von hinten durch das Windrad und in das Gummi-Ende eines Bleistifts mit Radiergummi stecken.

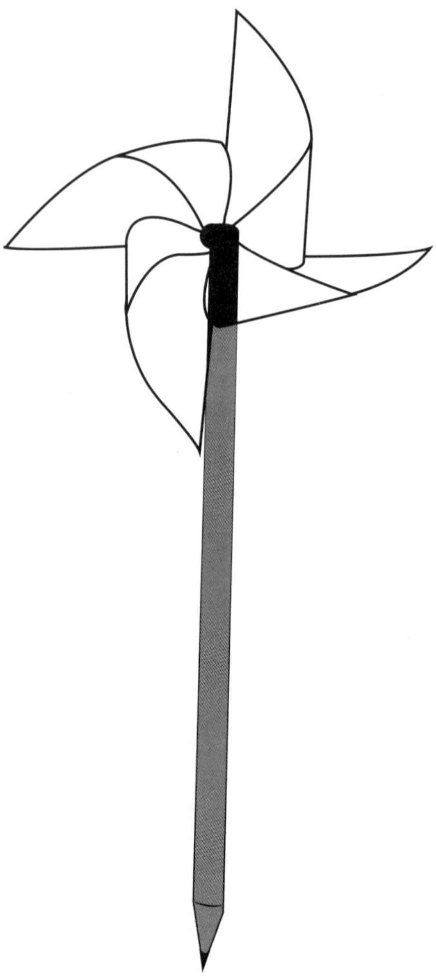

3-D-HERZ ZUM VALENTINSTAG

1. Die zehn Herzpärchen ausschneiden.

2. Jedes der Pärchen in der Mitte falten. Auf einer der Oberflächen Klebstoff aufbringen, ohne das Herz zu entfalten.

3. Ein zweites Herz auf das erste kleben, die Kanten müssen exakt aufeinanderliegen. Weitermachen, bis alle Herzen verbraucht sind.

4. Soll das Herz aufgehängt werden, einen Streifen Papier für eine Schlaufe ausschneiden. Den Streifen an den kurzen Enden zusammenkleben.

5. Das erste und das letzte Herz aufeinanderkleben, dabei die Schlaufe dazwischen einkleben.

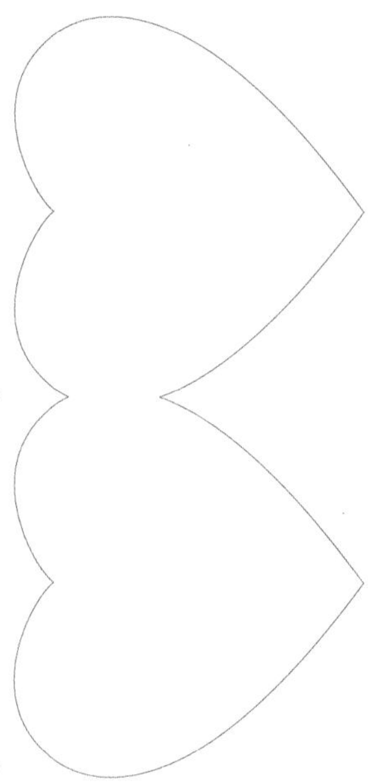

Papierflieger

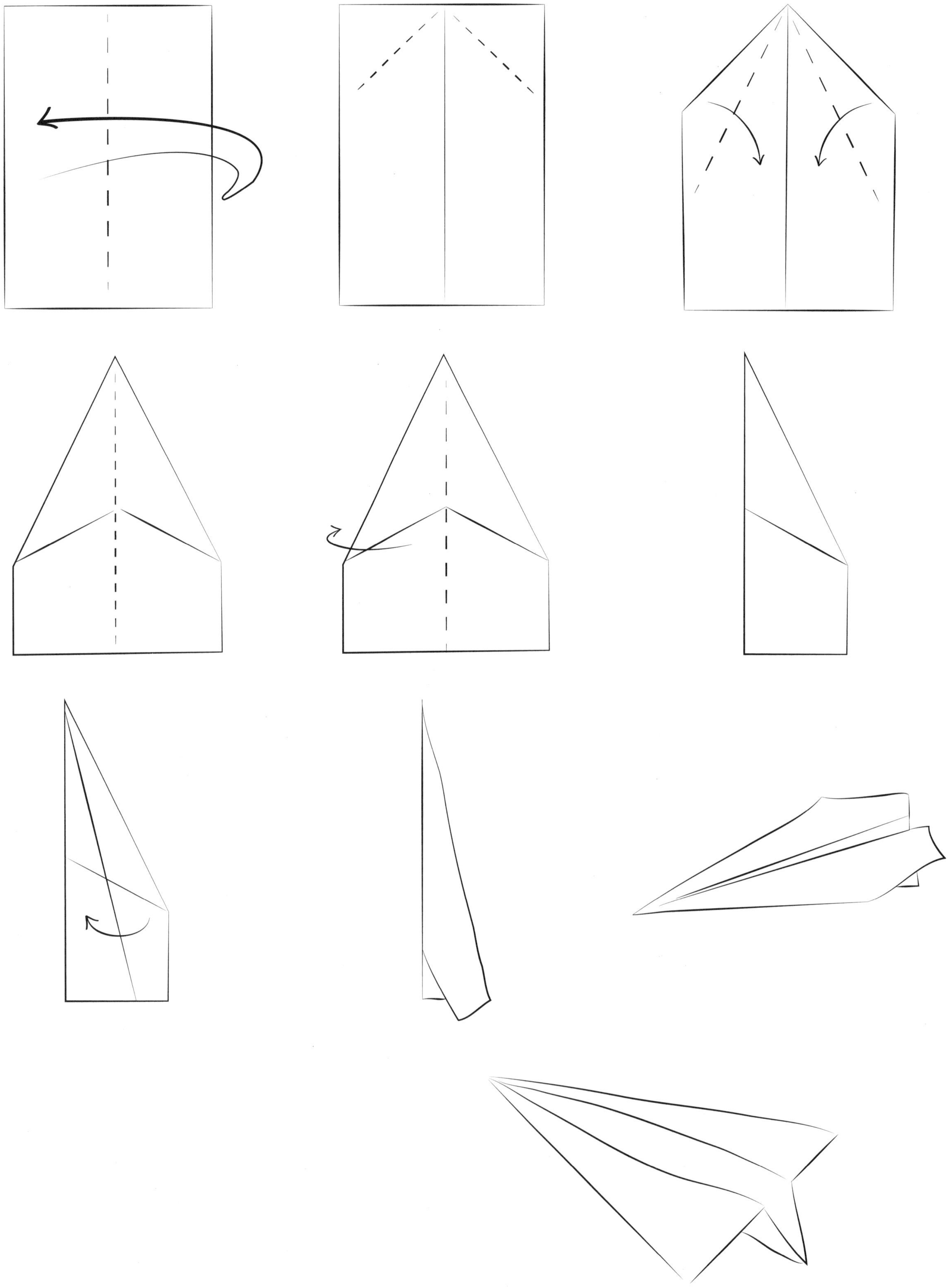

SCHIFF

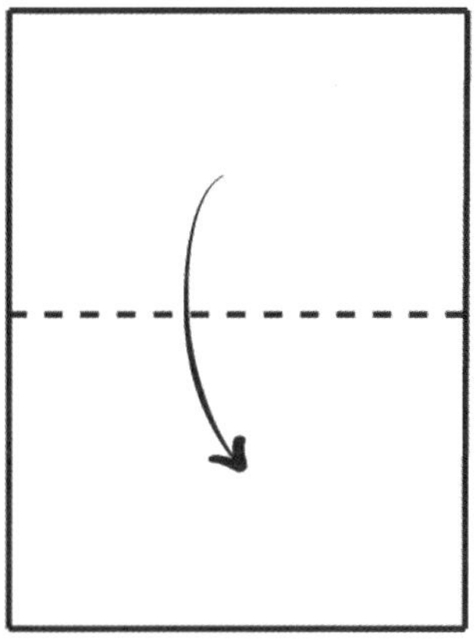

1. Das Blatt der Breite nach in der Mitte falten.

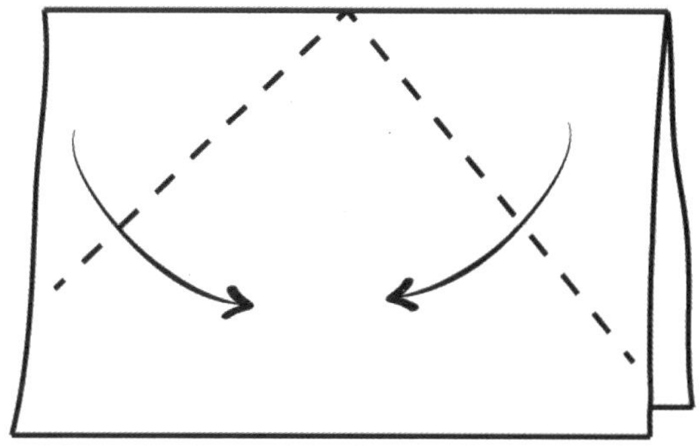

2. Die beiden oberen Ecken zur Mitte falten.

3. Den unteren Streifen nach oben falten. Wenden und auf der anderen Seite wiederholen.

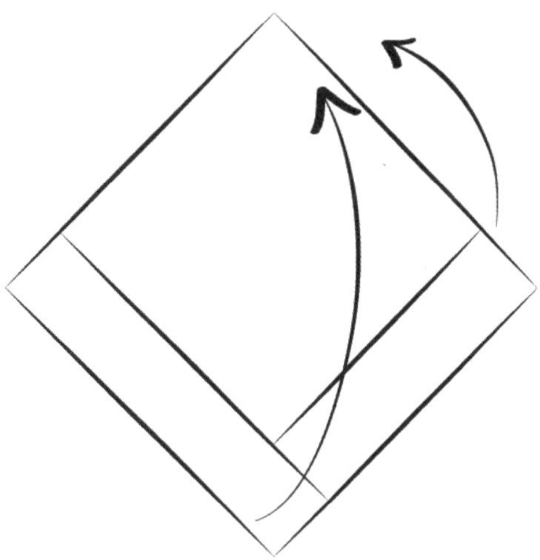

4. Die Dreiecksform zu einem Quadrat zusammenklappen.
Die untere Hälfte nach oben falten.
Wenden und auf der anderen Seite wiederholen.

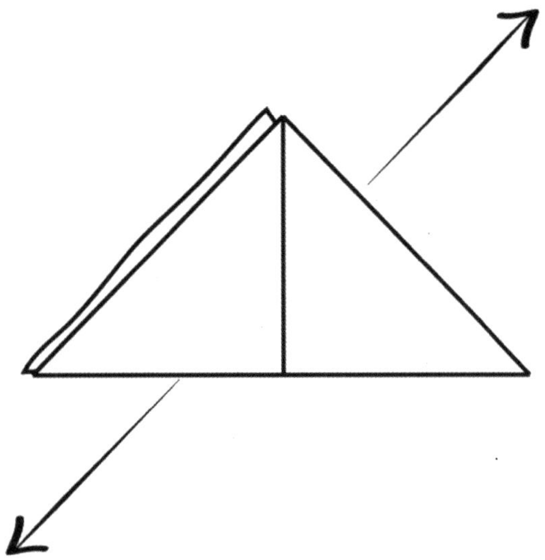

5. Erneut zu einem (kleineren) Quadrat zusammenklappen.

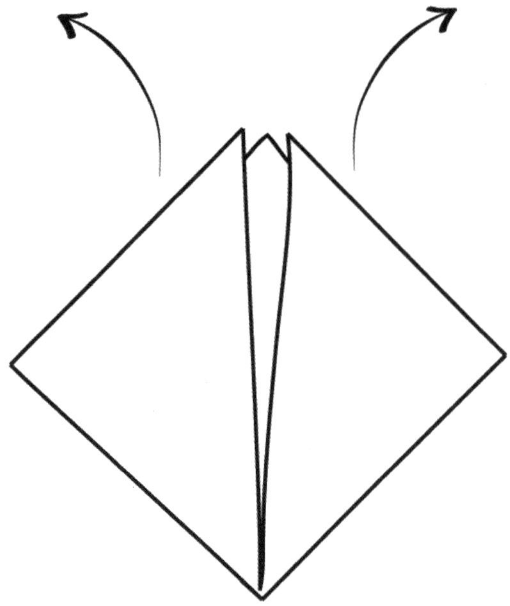

6. Die Seiten nach außen ziehen.

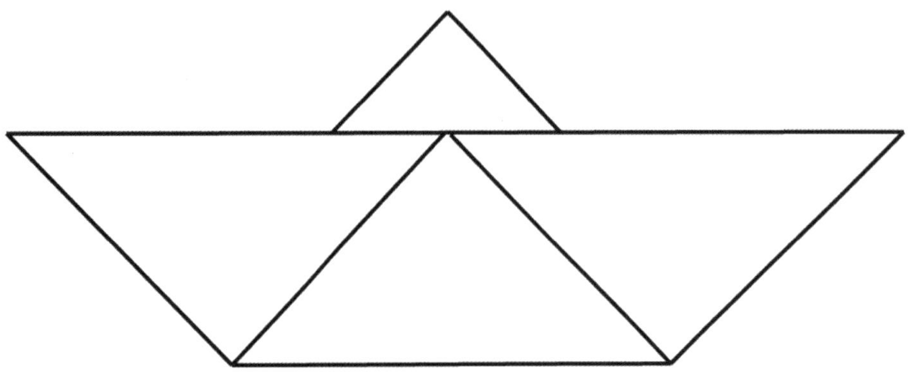

7. Fertig ist das kleine Boot.

EDLER FÄCHER

1. Die Vorlage auf der vorigen Seite ausmalen und die Überschrift abschneiden.

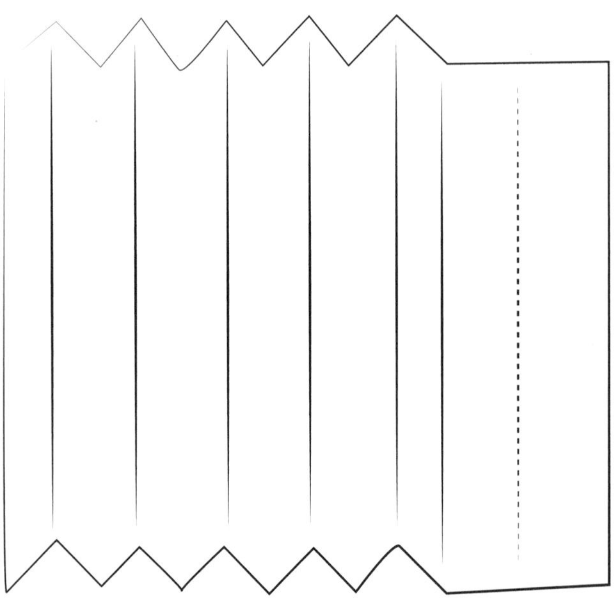

2. Das Blatt der Länge nach in Ziehharmonikafalten legen. Versuchen Sie, auf 14 Faltungen zu kommen.

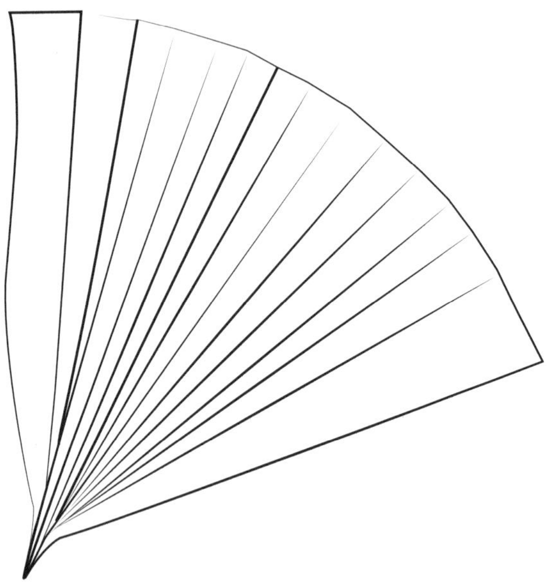

3. An einem der Enden den Fächer auf etwa 4 cm Länge zusammendrücken und -heften.

Origami-
SCHWAN

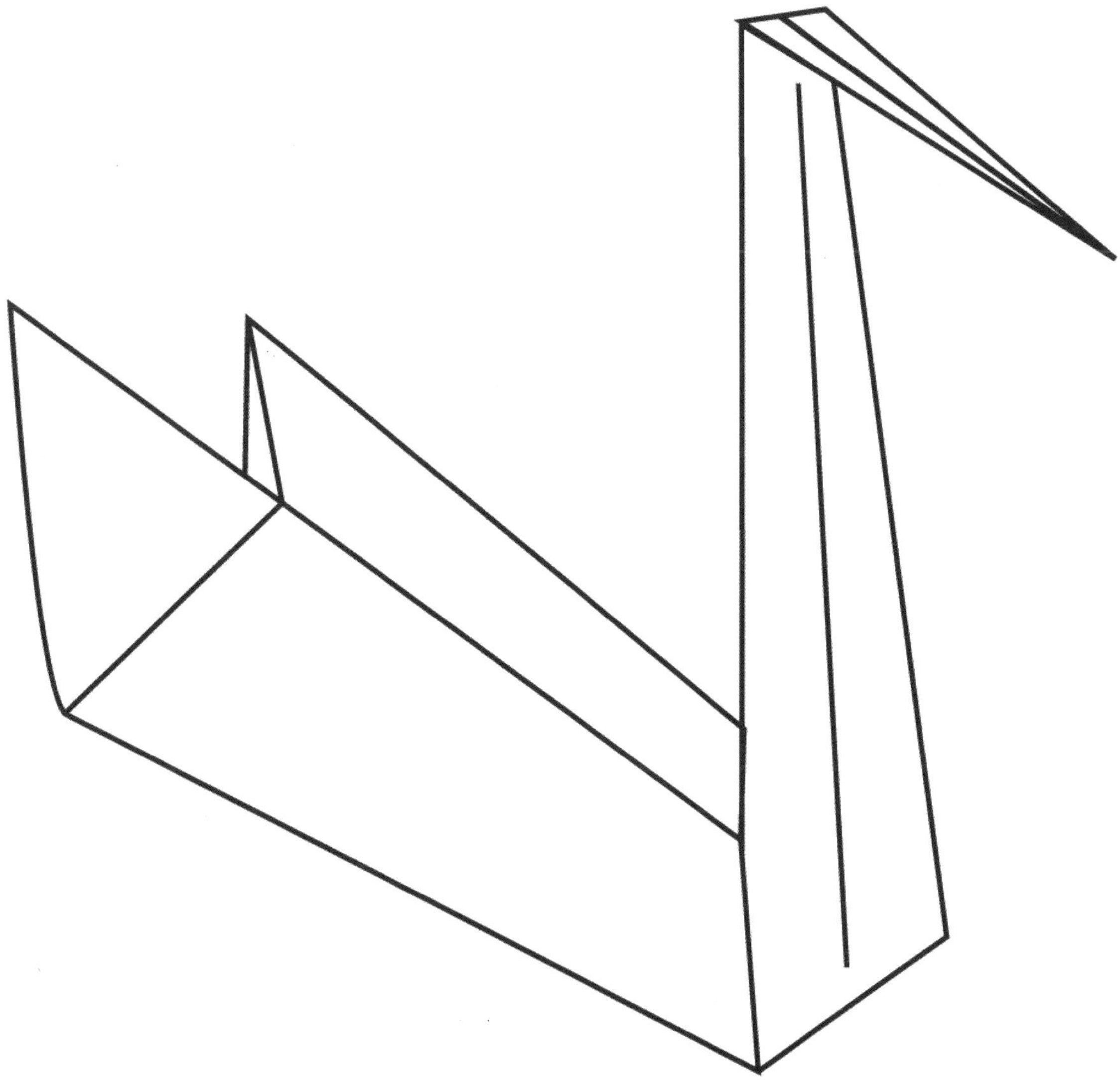

1. Das DIN-A4-Blatt in ein Quadrat verwandeln.
Dazu die linke obere Ecke an den rechten Rand falten.
Das Rechteck unter dem gefalteten Dreieck abschneiden.

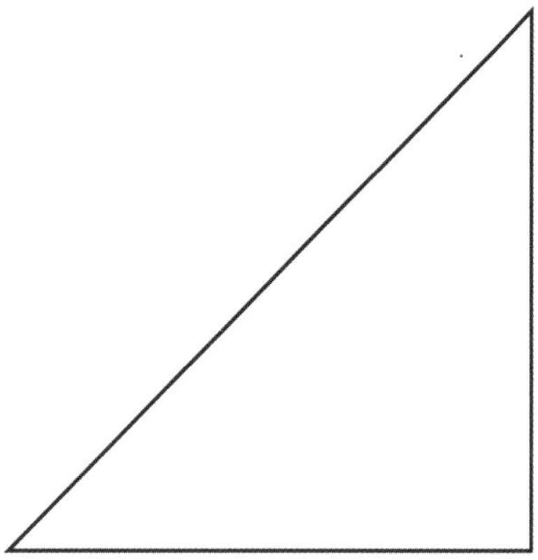

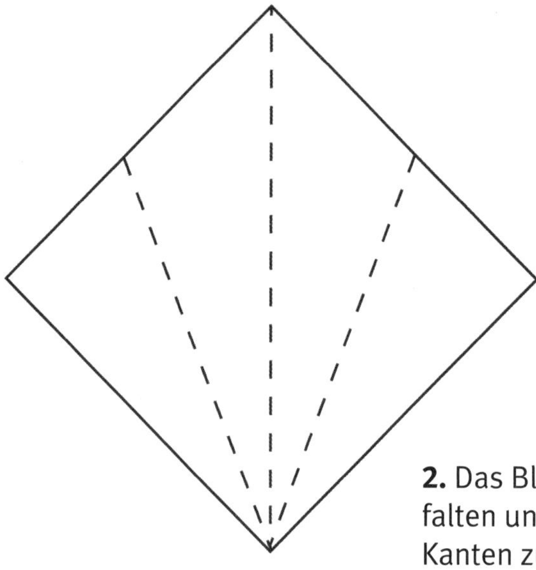

2. Das Blatt auseinanderfalten und die unteren Kanten zur Mitte falten, sodass eine Drachenform entsteht.

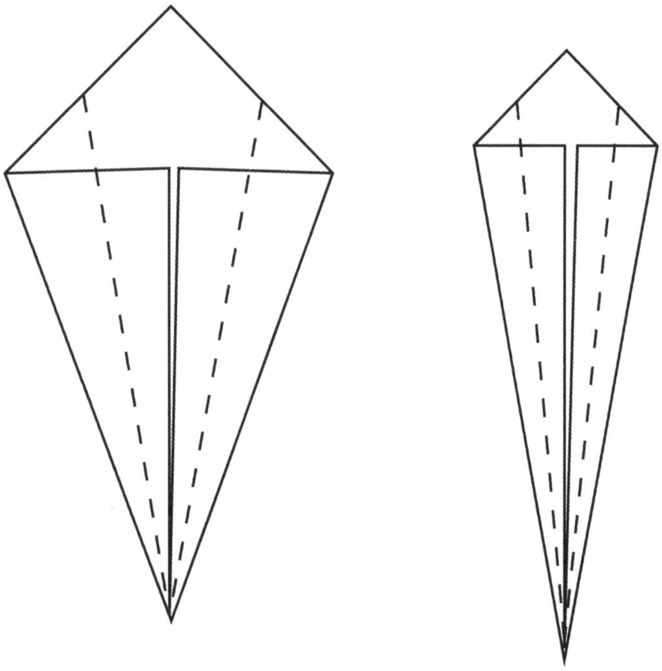

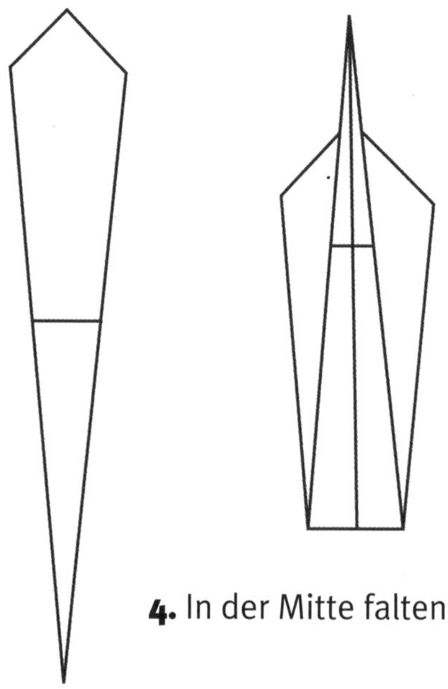

4. In der Mitte falten.

3. Wie in der Zeichnung dargestellt doppelt falten. Auf der anderen Seite wiederholen.

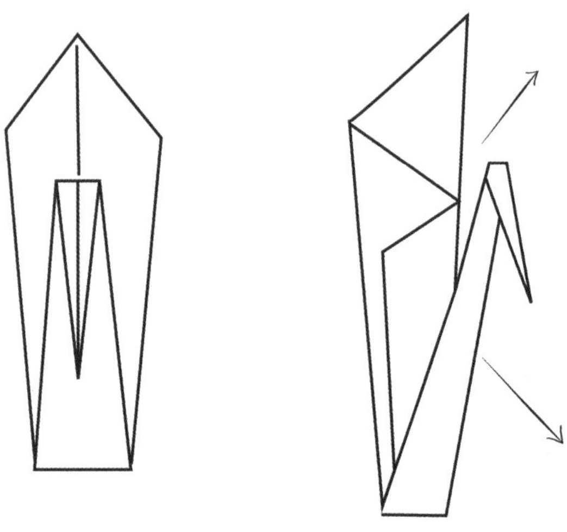

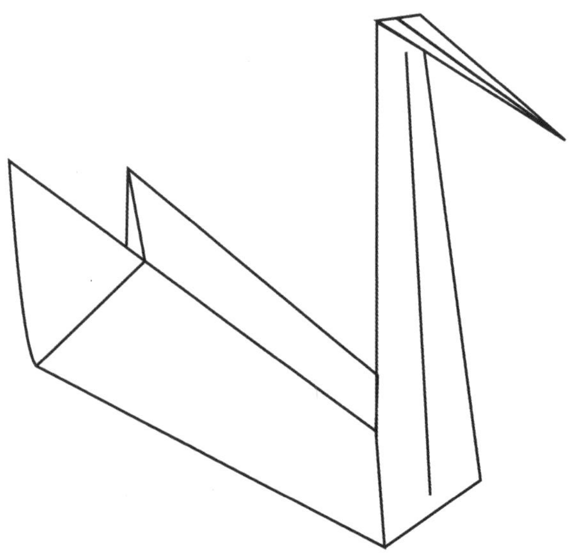

5. Den Kopf des Schwans nach unten falten und den Schwan in Form ziehen.

Zarter Schmetterling

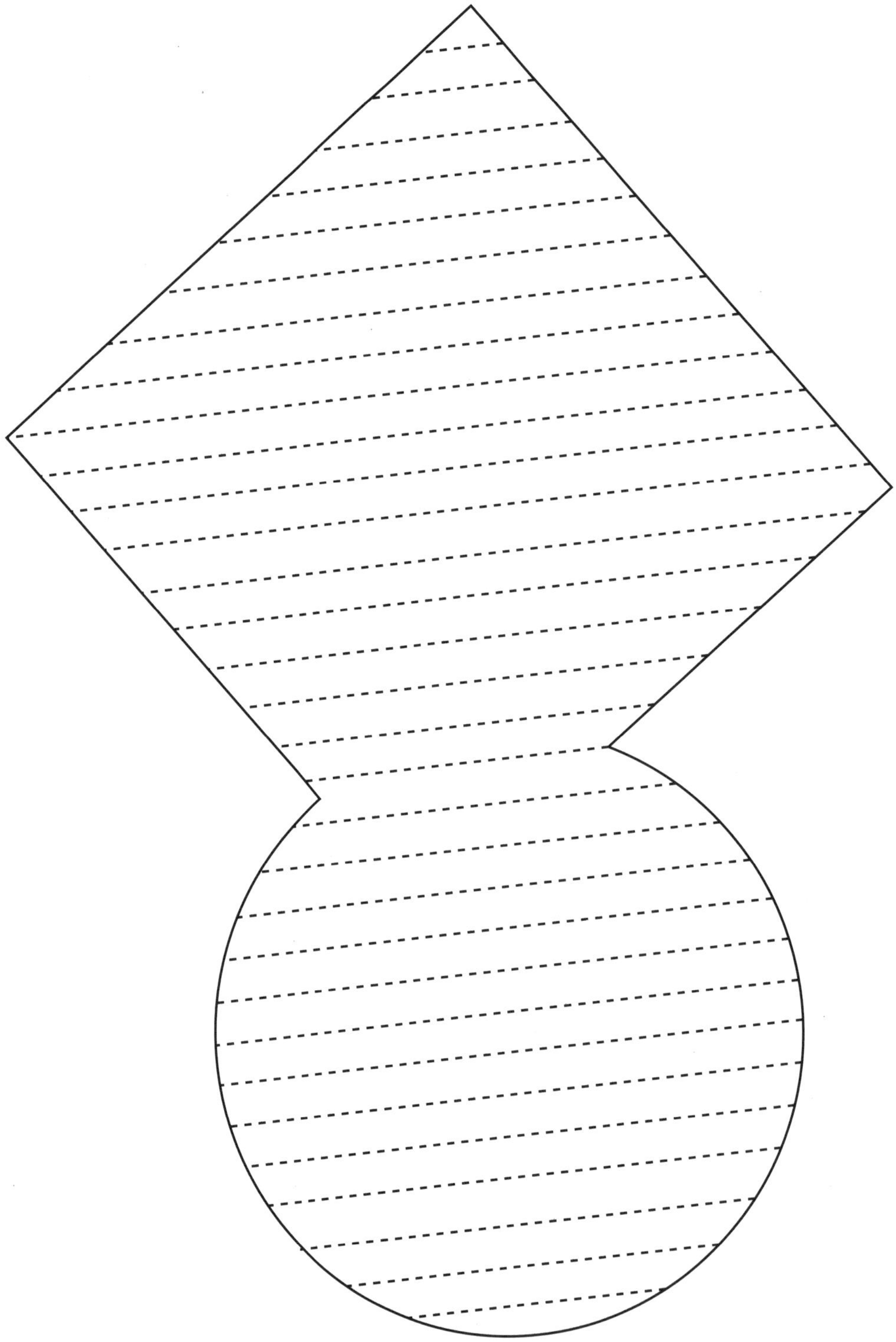

1. Die Vorlage ausschneiden und entlang der Linien in Ziehharmonikafalten legen.

2. Das Blatt in der Mitte zusammendrücken und dann ein Gummiband um den Mittelteil binden.

3. Die Flügel auf beiden Seiten des Gummibands vorsichtig auseinanderziehen. Nach Wunsch das Gummiband mit einem Papierstreifen verdecken.

Papierrosetten

1. Sie brauchen drei Blatt Papier. Nehmen Sie eines davon und falten Sie es der Breite nach sechsmal in Ziehharmonikafaltung. Wiederholen Sie das mit den anderen beiden Blättern.

2. Jedes Blatt in der Mitte falten und mit doppelseitigem Klebeband zusammenkleben.

3. Die drei Fächer auf die gleiche Art verbinden.

4. Die Mitte mit einer Papierblüte oder Blütenstickern verzieren.

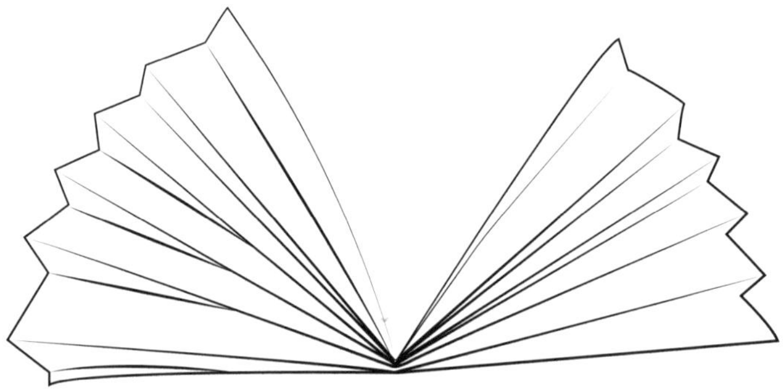

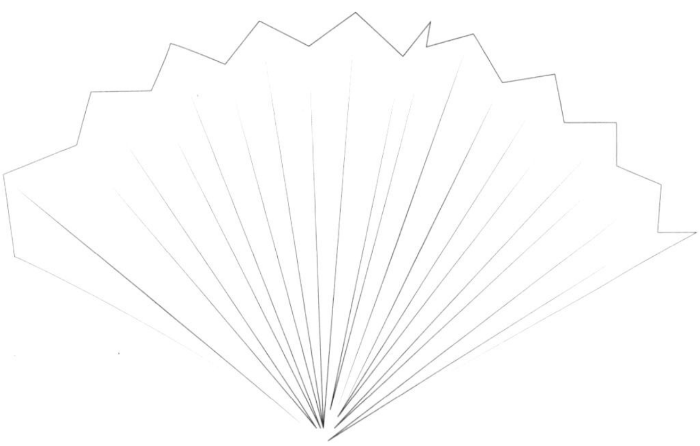

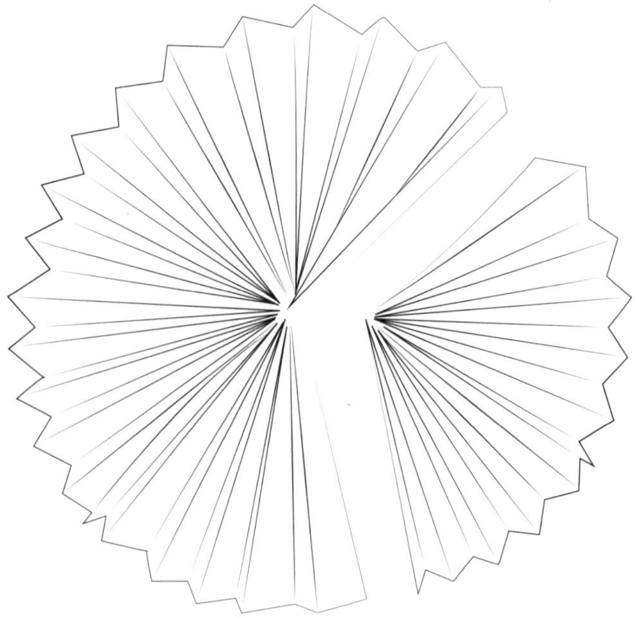

PIXEL-ARMBAND

1. Das Blatt in 12 cm x 13 cm lange Streifen schneiden.

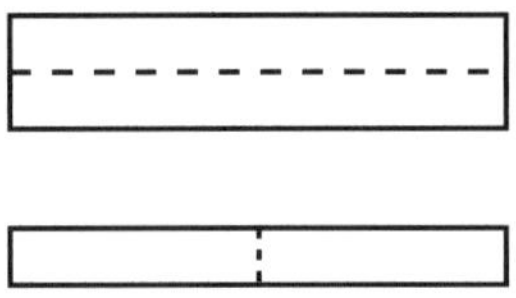

2. Die Streifen jeweils der Länge nach und dann der Breite nach hälftig falten.

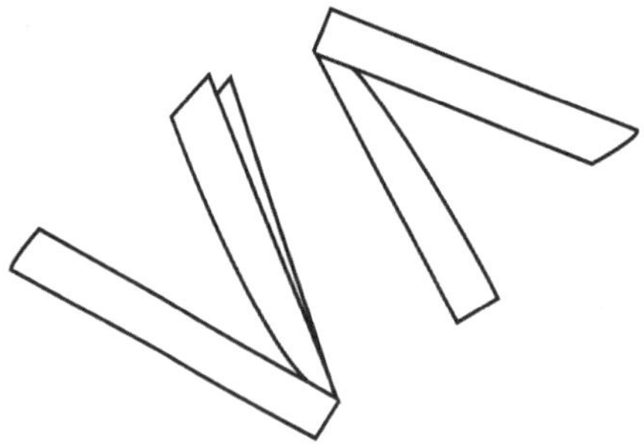

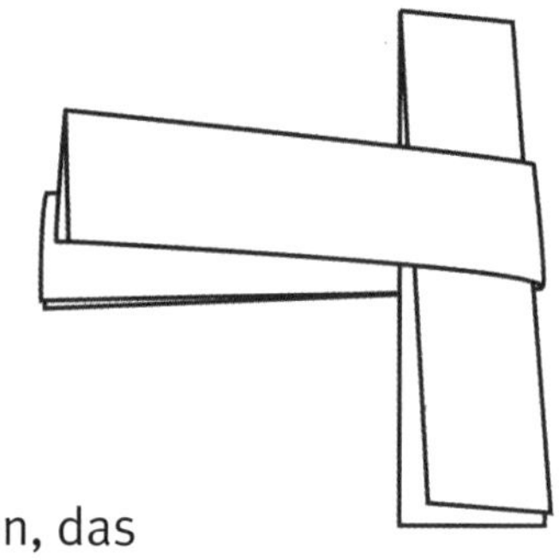

3. Zwei so gefaltete Streifen ineinanderstecken, das offene Ende des inneren Streifens zeigt nach unten. Der obere Abschnitt muss ein wenig weiter herausragen, als die gefalteten Papierstreifen breit sind.

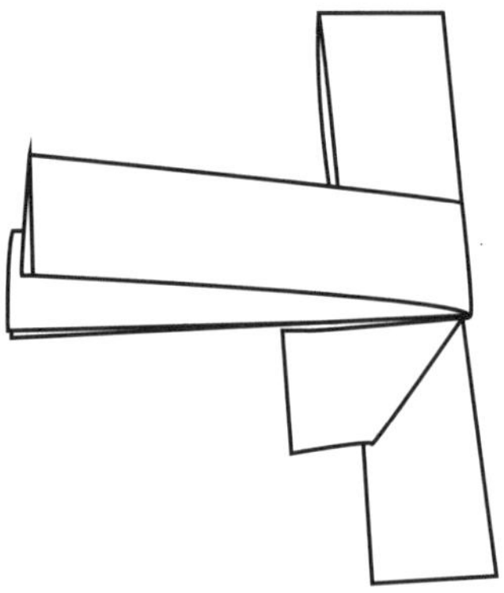

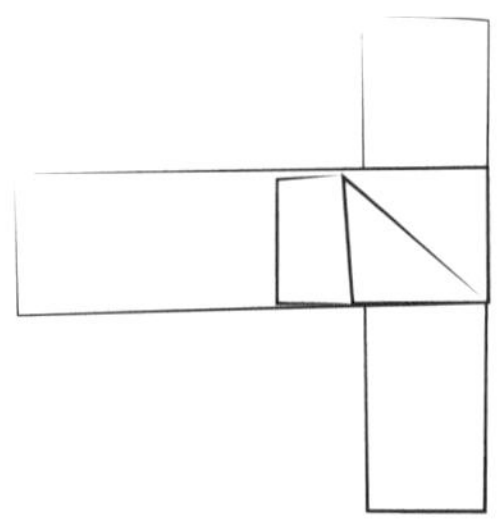

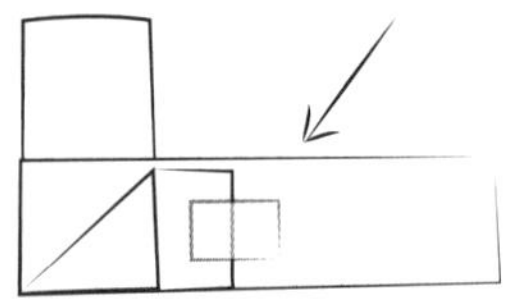

4. Eines der offenen Enden des inneren Papiers wie im Bild im rechten Winkel nach links falten.

5. Dann nach oben auf den äußeren Papierstreifen falten.

6. Das Papier wenden und das Gleiche auf der anderen Seite wiederholen, dabei diesmal das offene Ende des inneren Streifens nach rechts und dann nach oben falten. Die gefalteten Papierstücke mit Klebstoff oder Klebefilm befestigen.

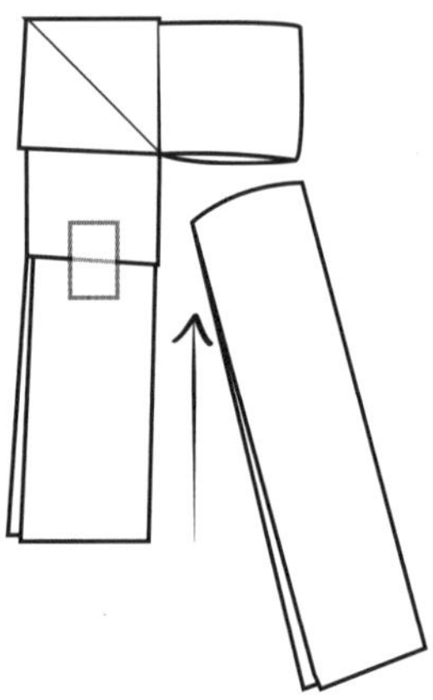

7. Auf die Seite legen und einen neuen Papierstreifen durch die gerade entstandene Schlaufe schieben. Wieder darauf achten, dass der obere Abschnitt ein wenig weiter herausragt, als die Papierstreifen breit sind.

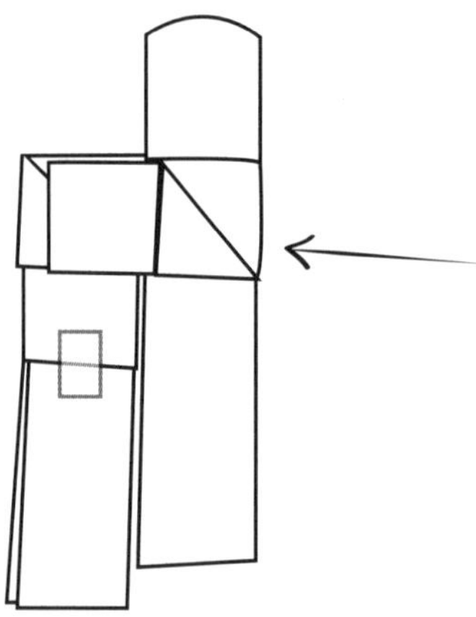

8. Eine Hälfte des offenen Endes des inneren Papierstreifens nach links falten und dann nach oben. Das Ende in die Tasche schieben, die der vorherige Papierstreifen gebildet hat. Wenden und auf der andern Seite wiederholen, diesmal aber das offene Ende des inneren Papiers nach rechts und dann nach oben falten und dann in die Tasche schieben.

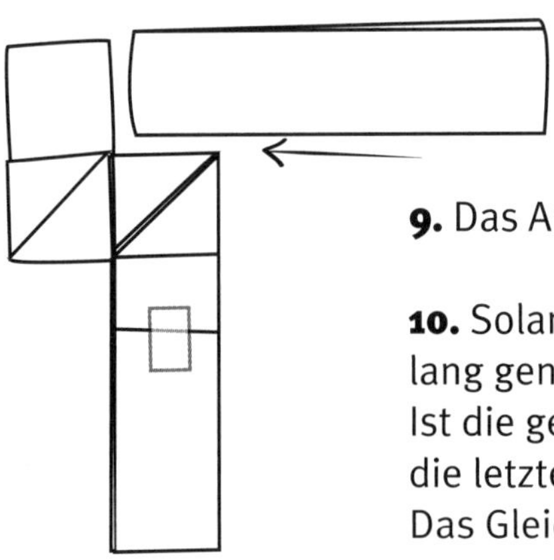

9. Das Armband nach rechts drehen und weiterfalten.

10. Solange Papierstreifen hinzufügen, bis das Armband lang genug ist (Sie können auch eine Kette daraus machen). Ist die gewünschte Länge erreicht, den ersten Streifen durch die letzte Schlaufe schieben und in die Tasche stecken. Das Gleiche mit dem inneren Ende wiederholen.

BECHER

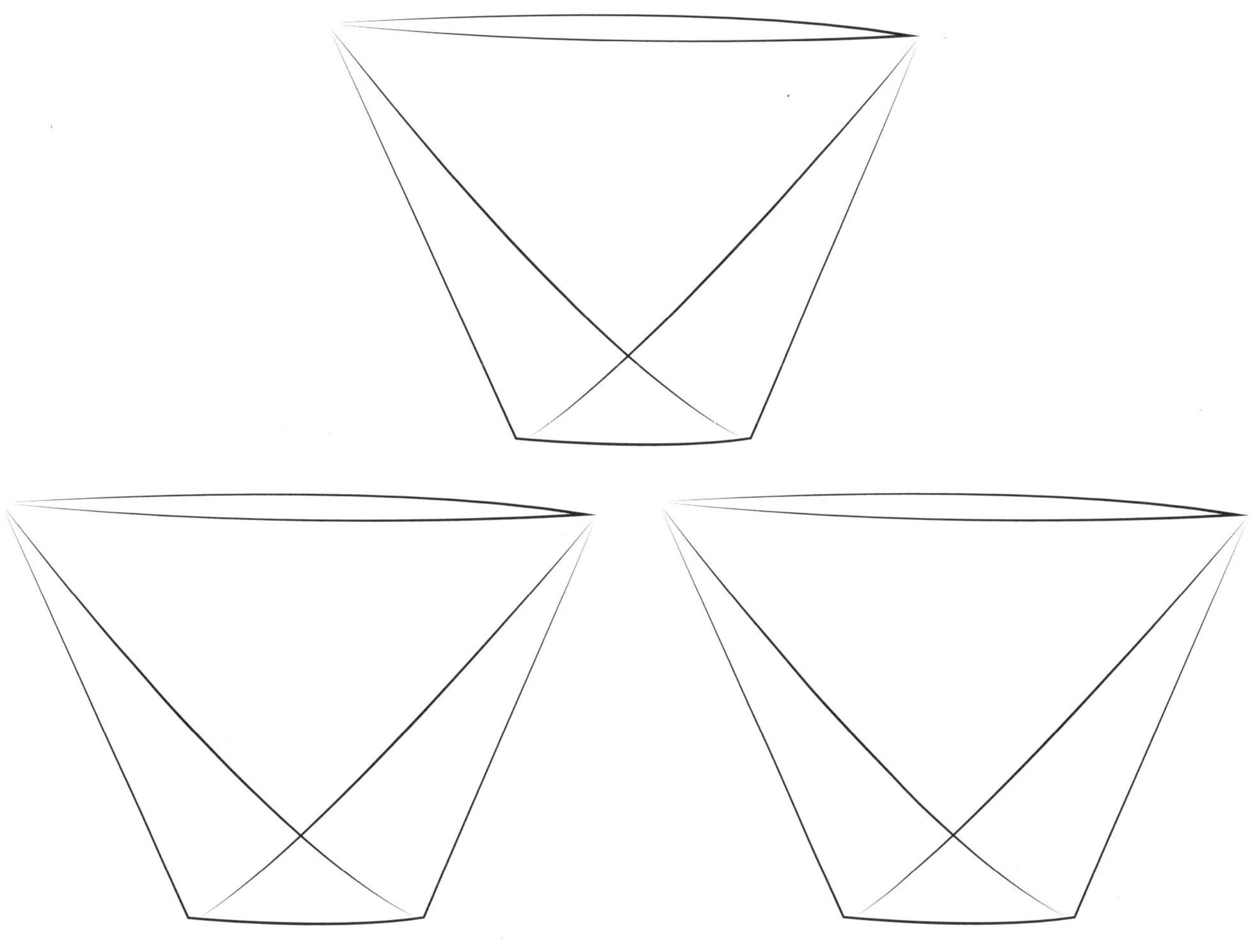

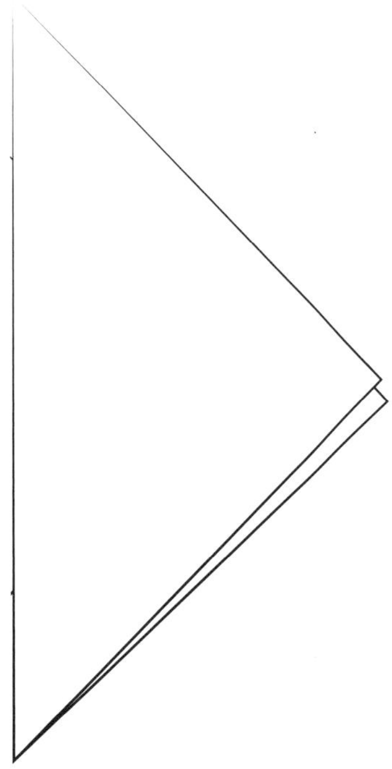

1. Das DIN-A4-Blatt in ein Quadrat verwandeln. Dazu die obere Ecke an den gegenüberliegenden Rand falten. Das Rechteck unter dem gerade gebildeten Dreieck abschneiden.

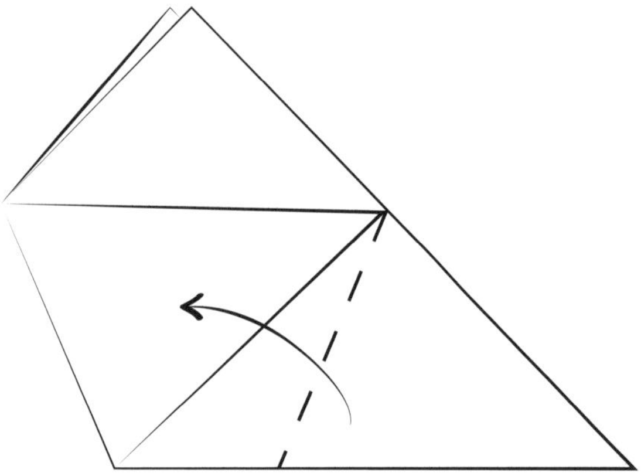

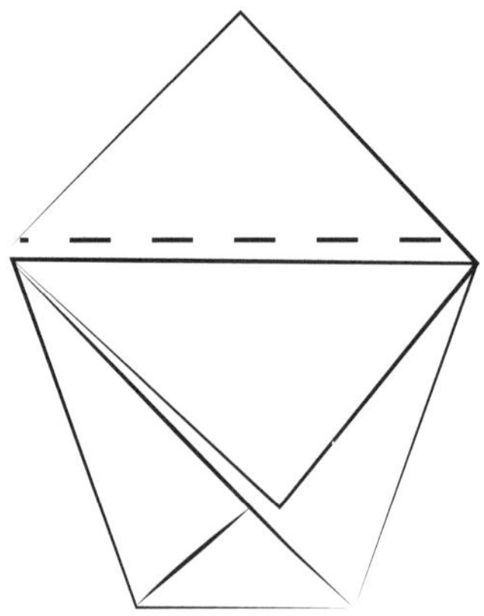

2. Das Dreieck so drehen, dass die lange Kante nach unten zeigt und die unteren Ecken wie in der Zeichnung zu sehen so falten, dass die Spitzen auf die gegenüberliegenden Kanten treffen.

3. Die oberen beiden dreieckigen Laschen nach unten falten und den Becher öffnen.

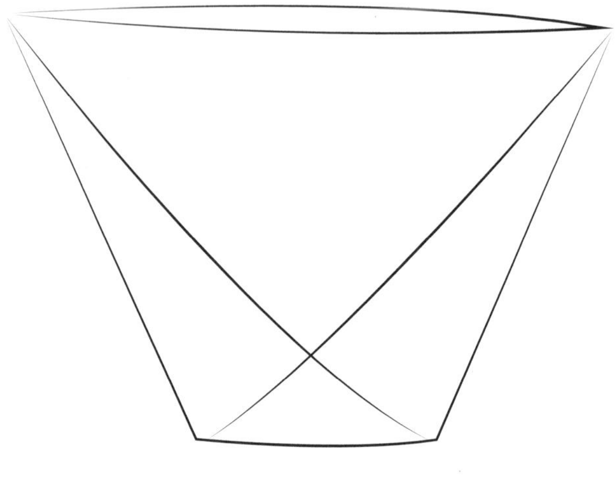

Origami HERZ

1.

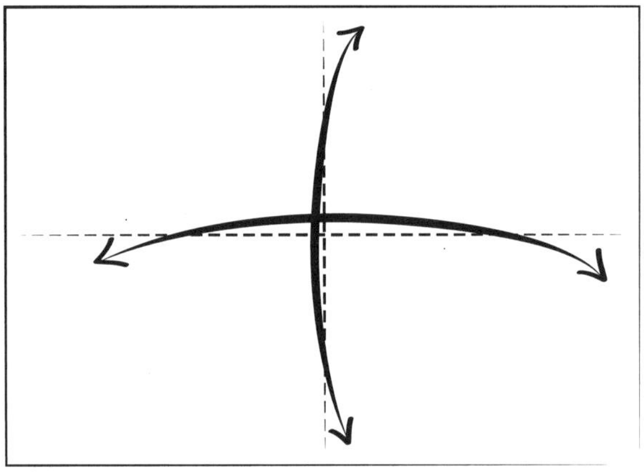

2.

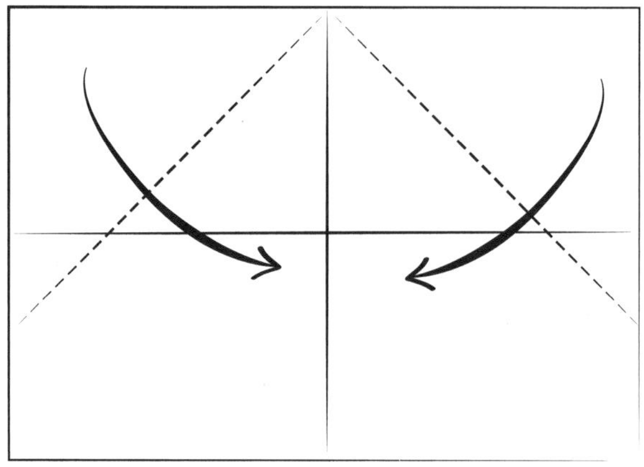

3.

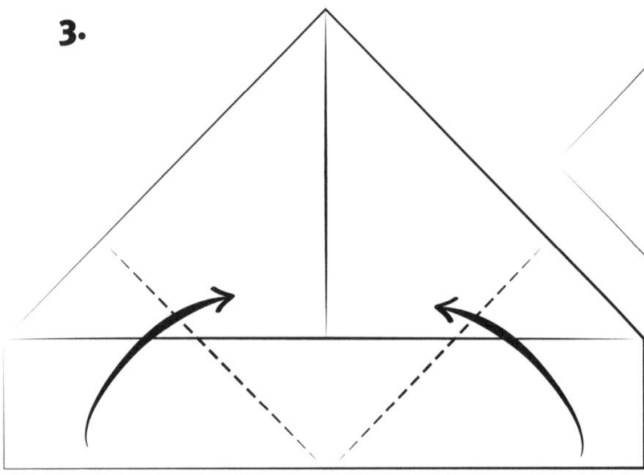

4.

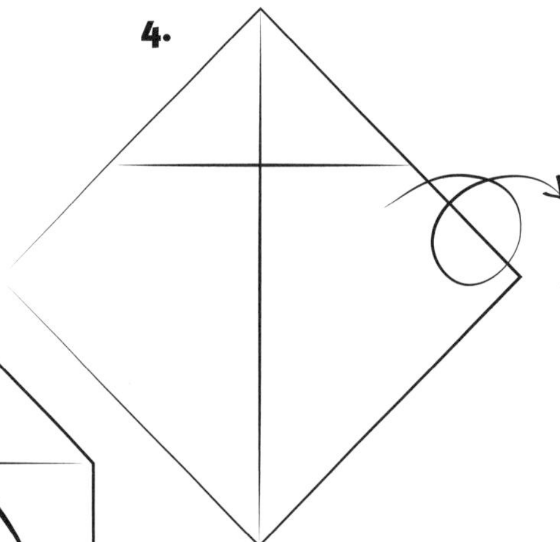

5.

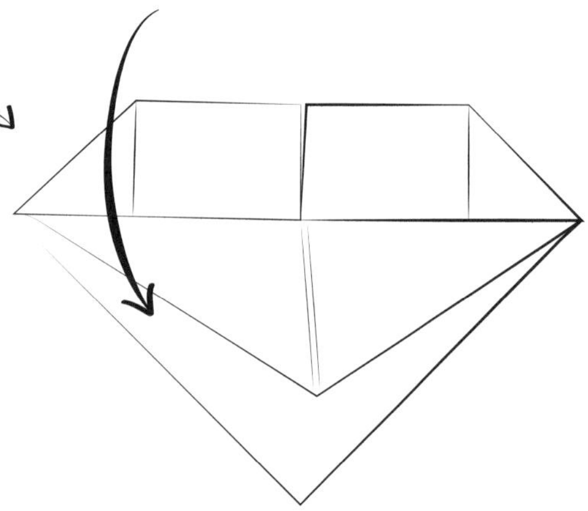

6.

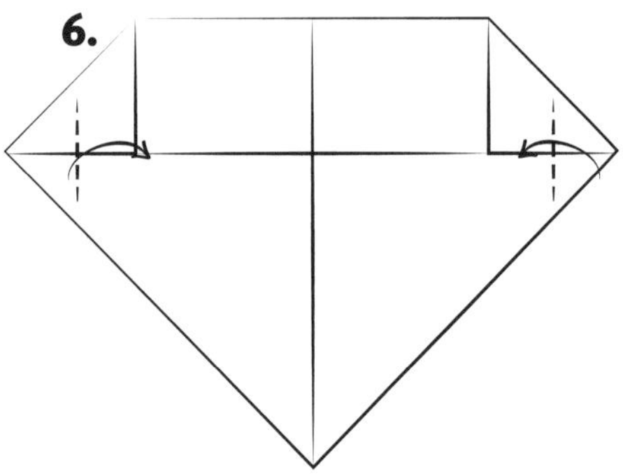

7.

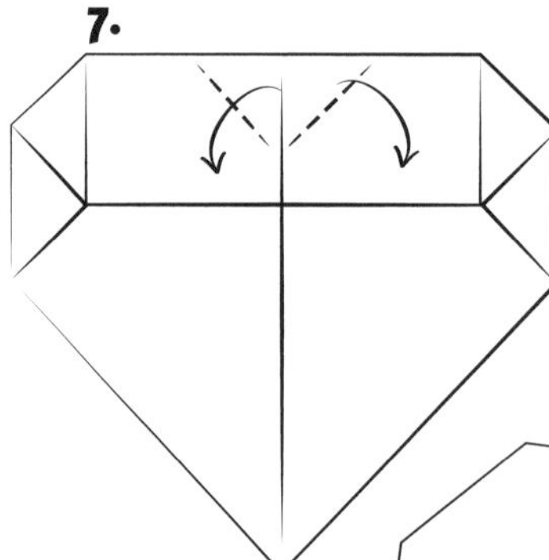

8.

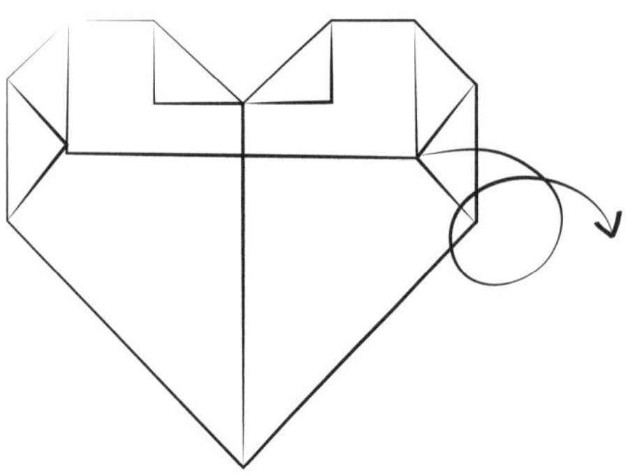

Origami
BLÜTE

1. Das DIN-A4-Blatt in ein Quadrat verwandeln. Dazu die obere Ecke an den gegenüberliegenden Rand falten. Das Rechteck unter dem gerade gebildeten Dreieck abschneiden.

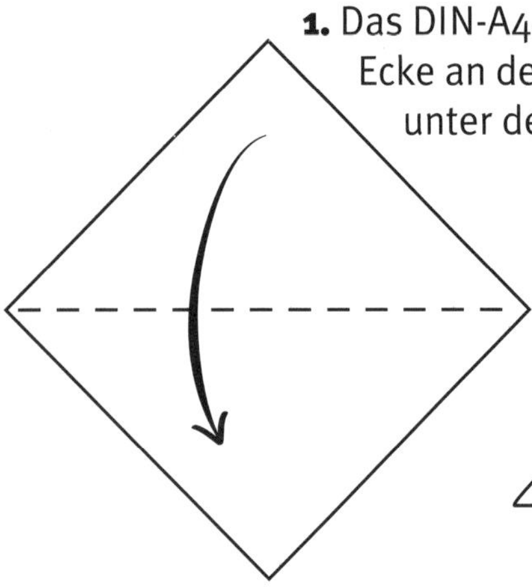

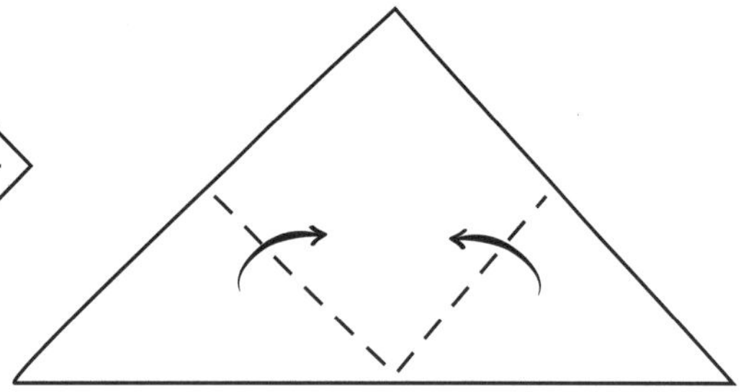

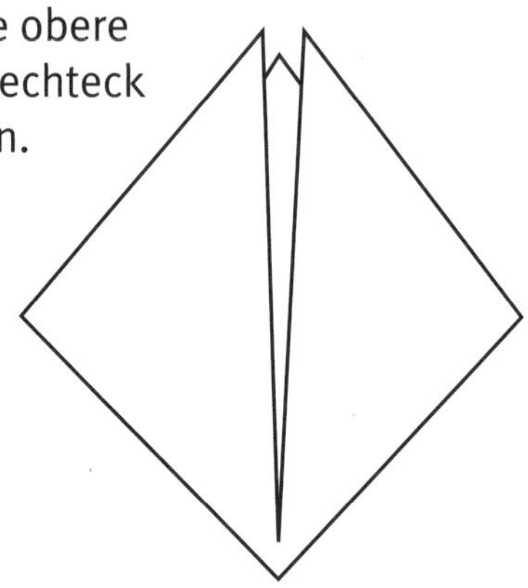

2. Das große Quadrat in vier kleinere Quadrate schneiden.

3. Eines dieser Quadrate zu einem Dreieck falten.

4. Die unteren Ecken zur Spitze falten, sodass eine Raute entsteht. Entfalten.

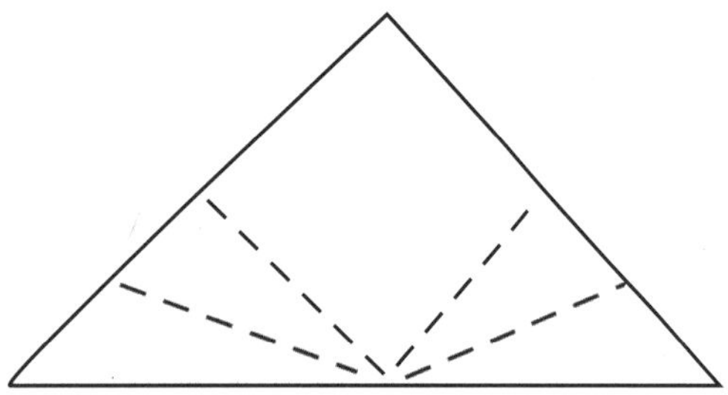

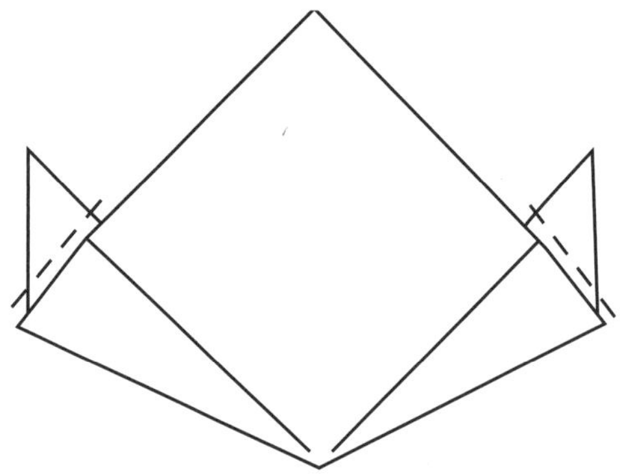

5. Die linke und die rechte untere Faltkante zu den diagonalen Faltlinien aus Schritt 4 falten.

6. Wenden und die rechte und die linke Ecke nach unten falten, falzen und wieder entfalten.

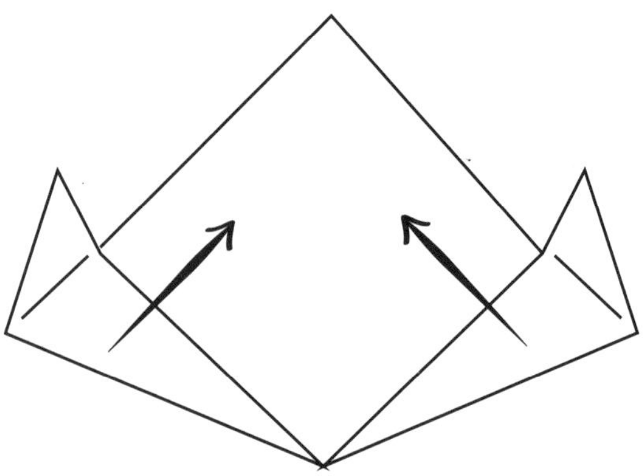

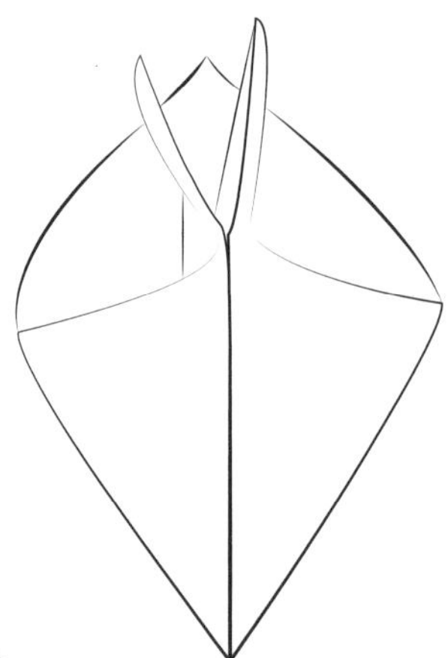

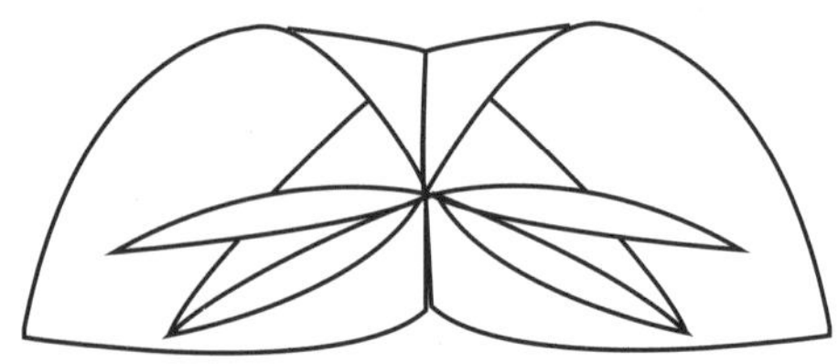

7. Erneut wenden und die Bereiche a und b zusammenkleben.

8. Schritte 3–7 dreimal wiederholen.

9. Die vier Teile zusammenkleben.

Origami FISCH

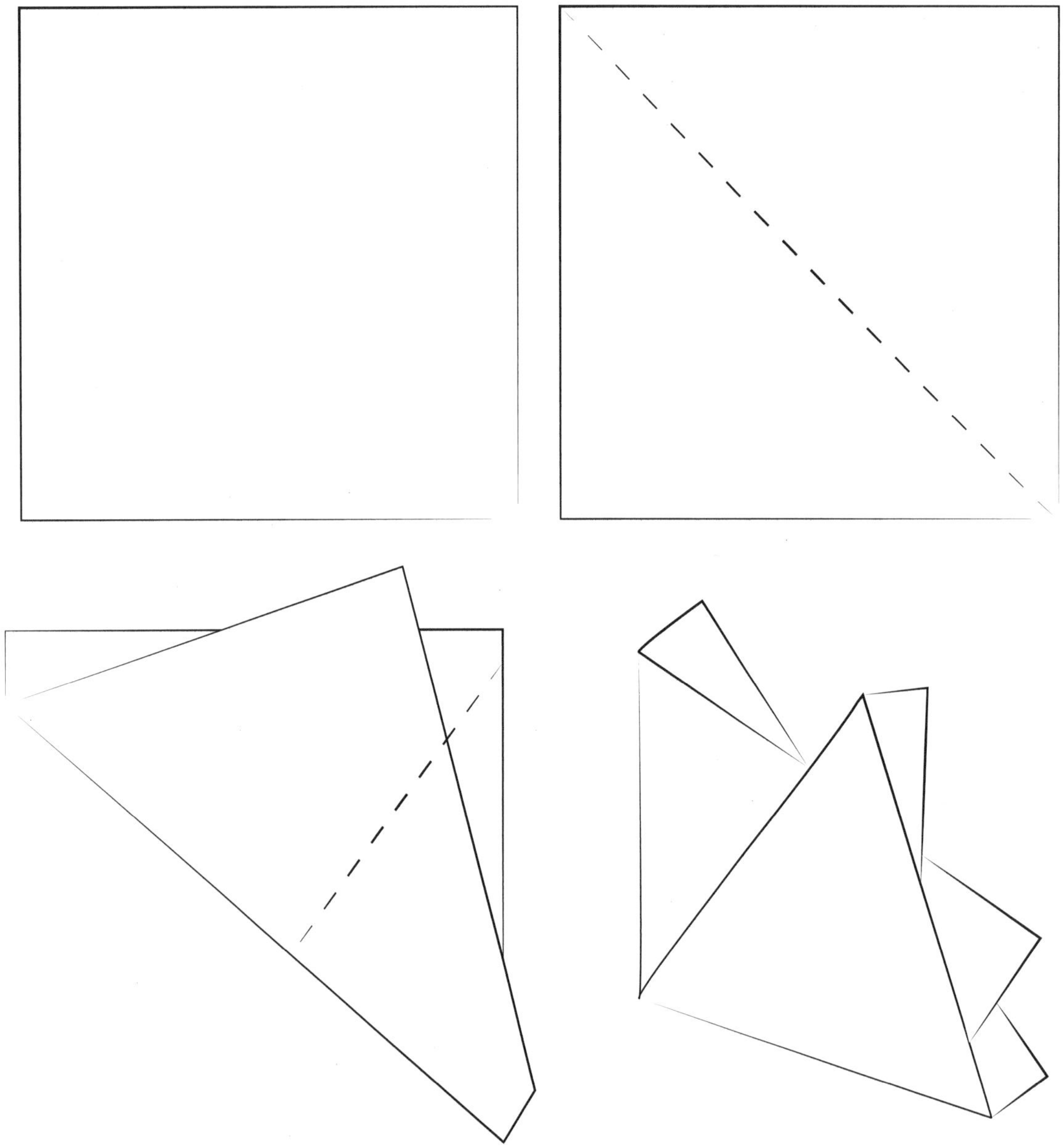

1. Das DIN-A4-Blatt in ein Quadrat verwandeln. Dazu die obere Ecke an den gegenüberliegenden Rand falten. Das Rechteck unter dem gerade gebildeten Dreieck abschneiden.

2. Die linke obere Ecke zu rechten unteren falten, falzen und entfalten.

3. Wie in den Abbildungen gezeigt vorgehen und dann Auge und Mund aufmalen.

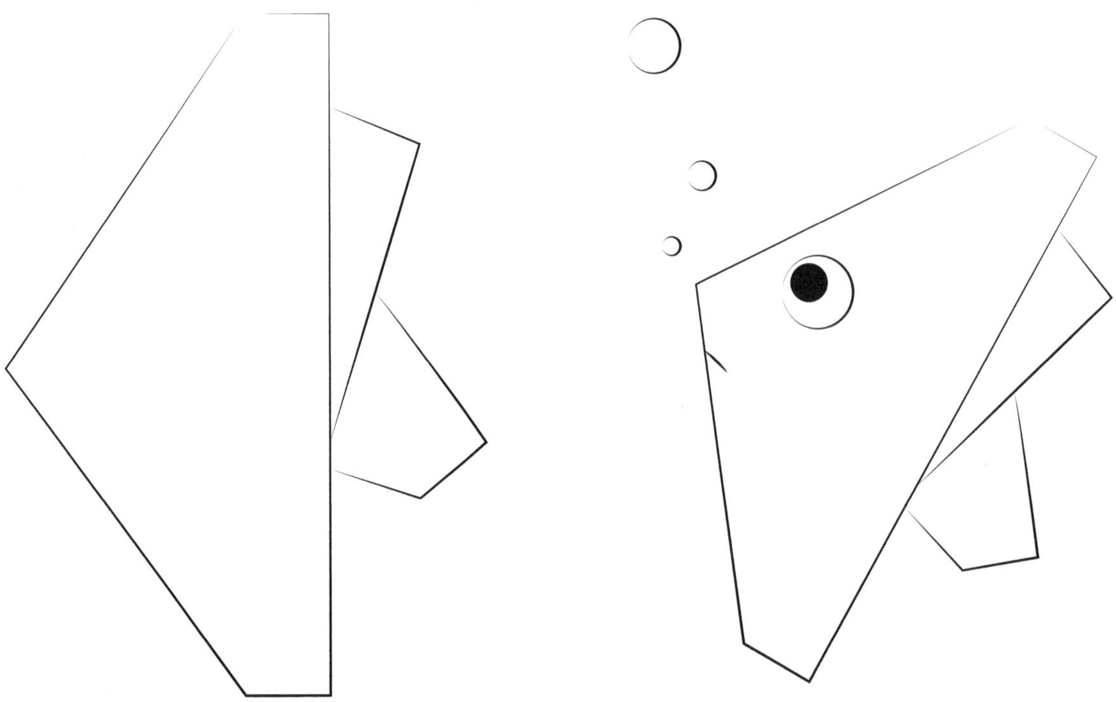

EINFACHE SCHACHTEL

1. Die Schachtel ausmalen.

2. Ausschneiden.

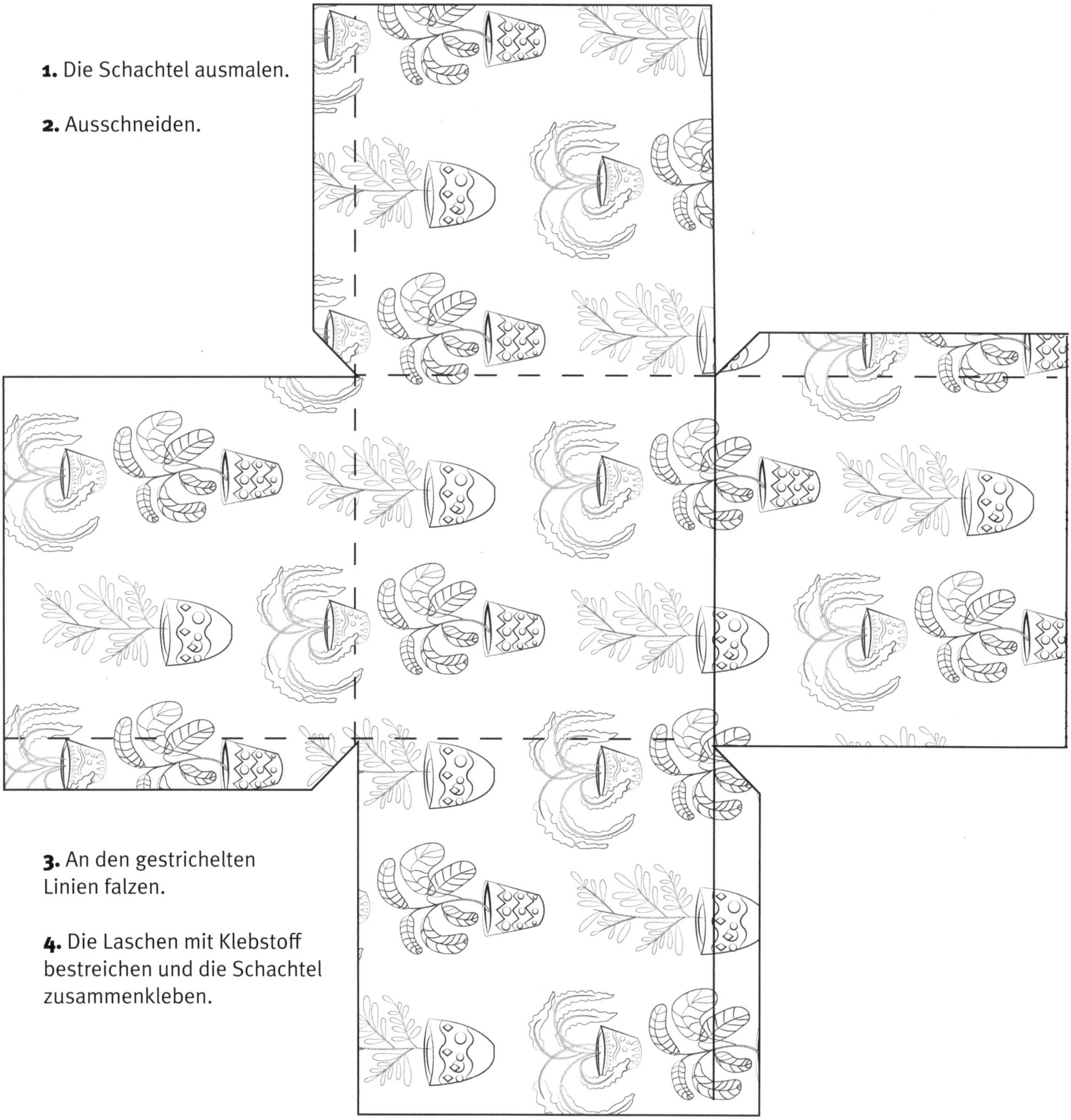

3. An den gestrichelten Linien falzen.

4. Die Laschen mit Klebstoff bestreichen und die Schachtel zusammenkleben.

WÜRFEL

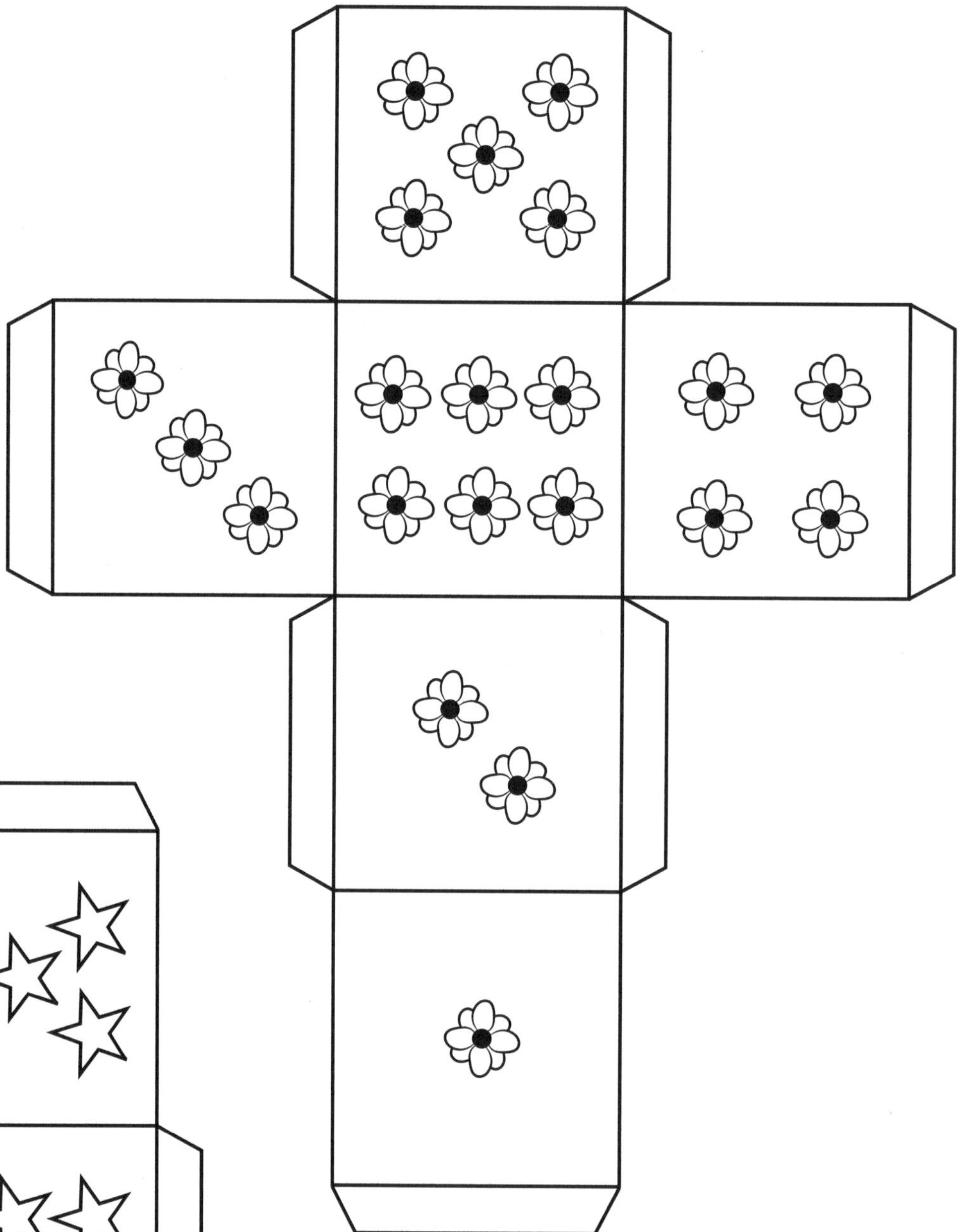

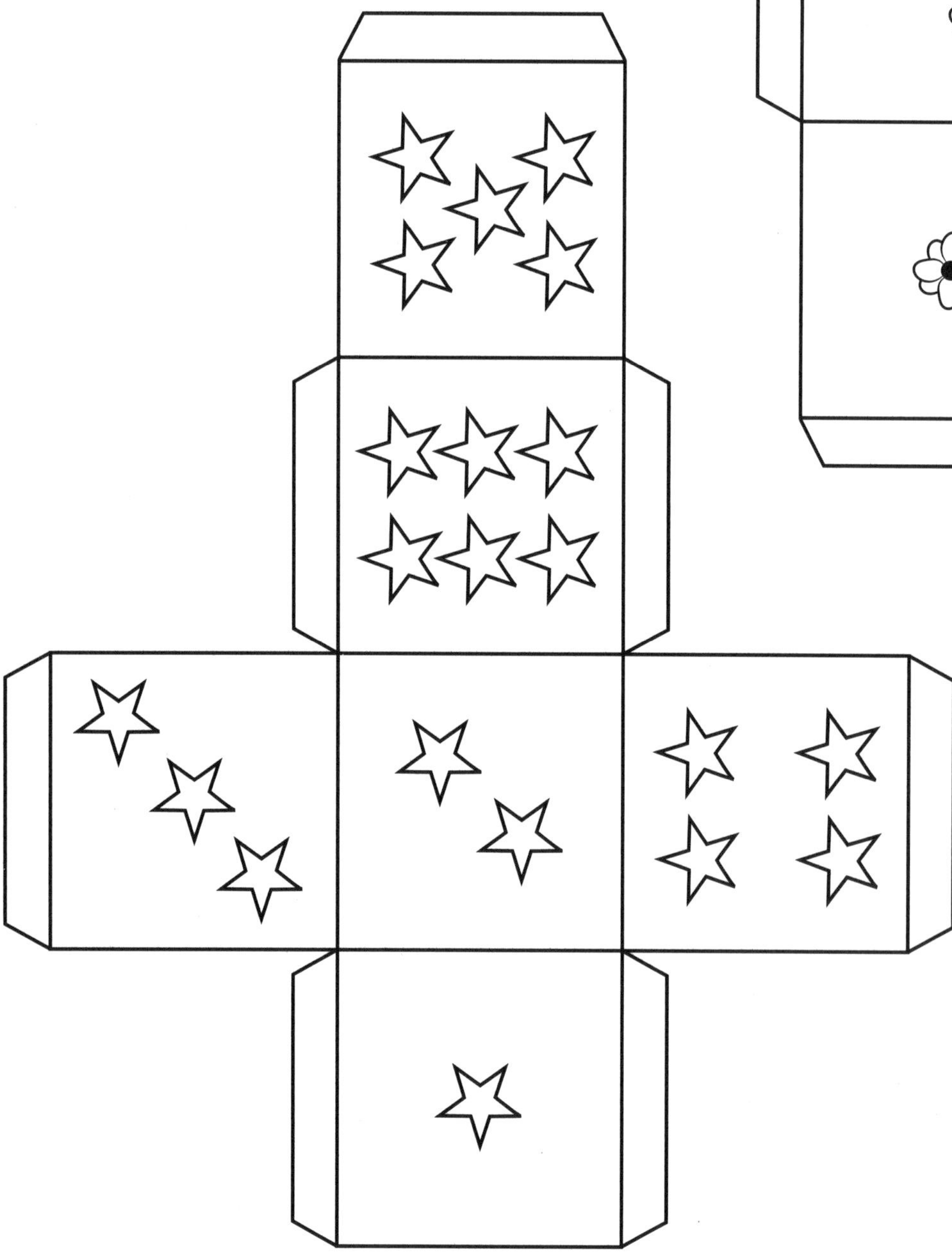

Rechteckige Schachtel mit Deckel

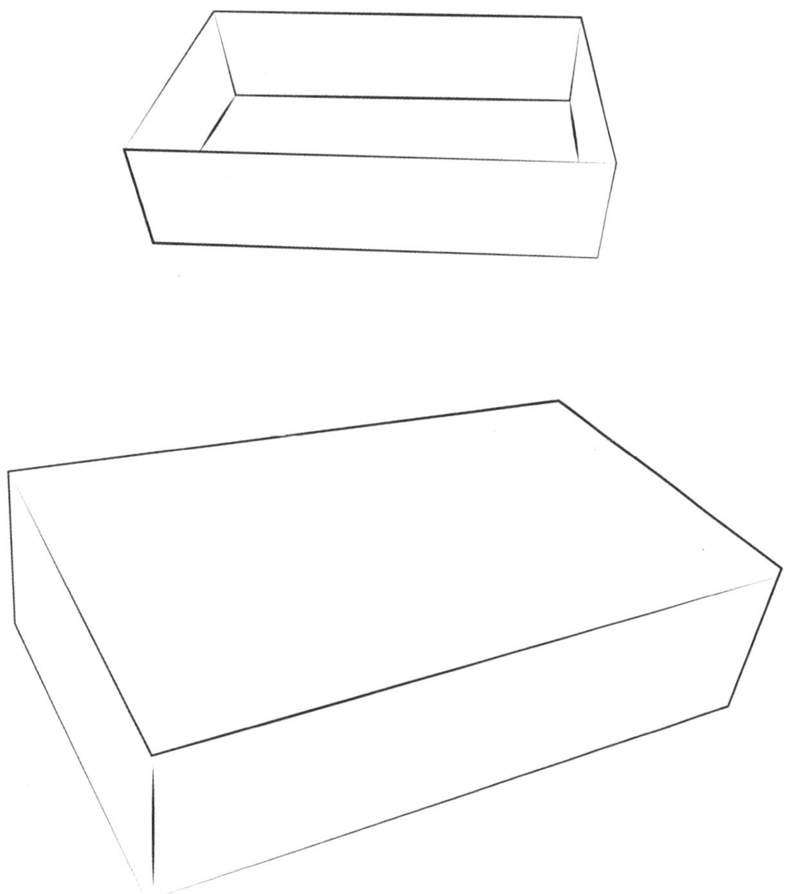

1. Das Blatt der Breite nach in der Mitte durchschneiden.

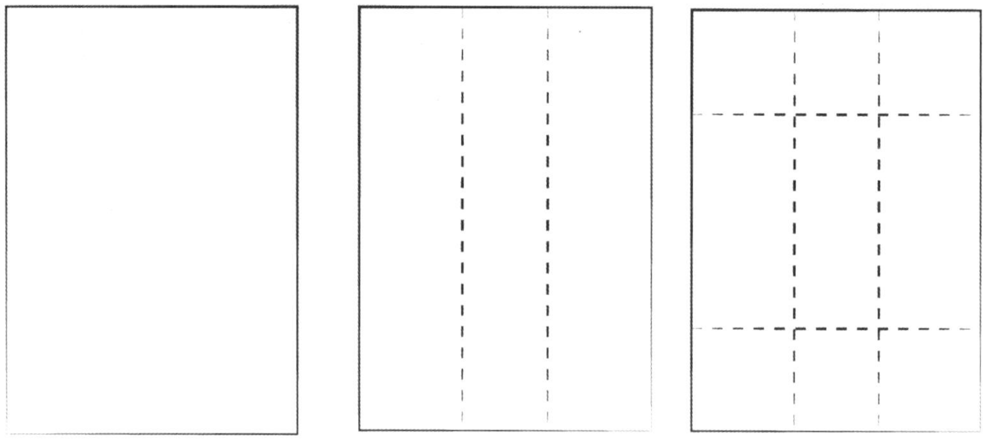

2. Für die Schachtel 72 mm von den langen Seiten aus abmessen. Die Außenkanten zu diesen Punkten falten (nicht bis zu Mitte).

3. Entfalten und 72 mm von den kurzen Seiten aus abmessen. Die obere und die untere Kante zu diesen Punkten falten.

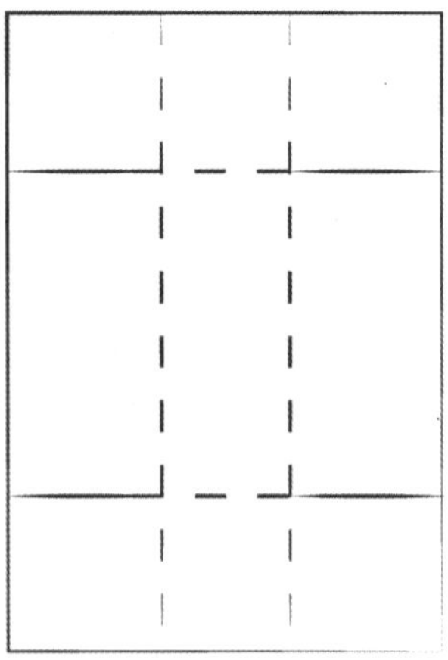

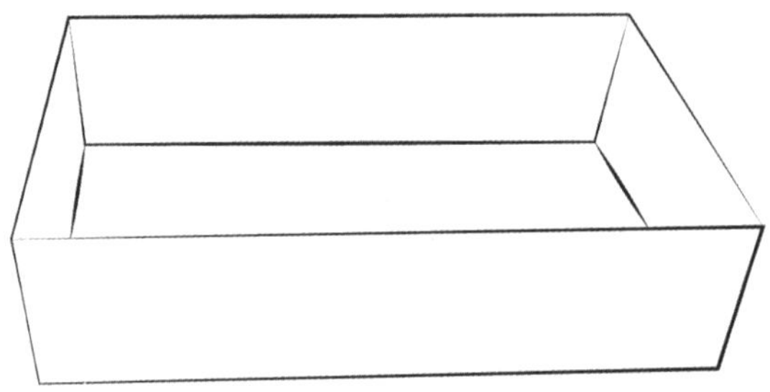

4. Entfalten und wie in der Abbildung zu sehen von den Seiten einschneiden.

5. Zu einer Schachtel falten und mit Klebstoff oder Heftklammern fixieren.

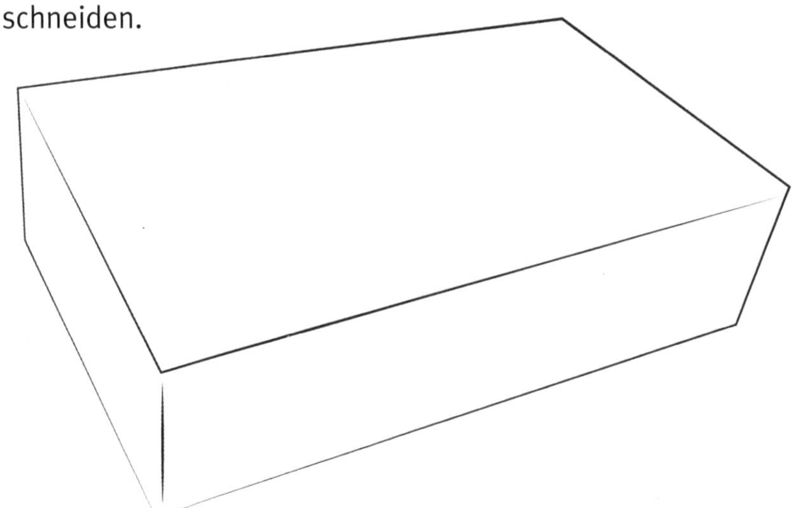

6. Wiederholen Sie das Ganze, aber messen Sie für den Deckel nur 70 mm statt der 72 mm ab.

HAUS

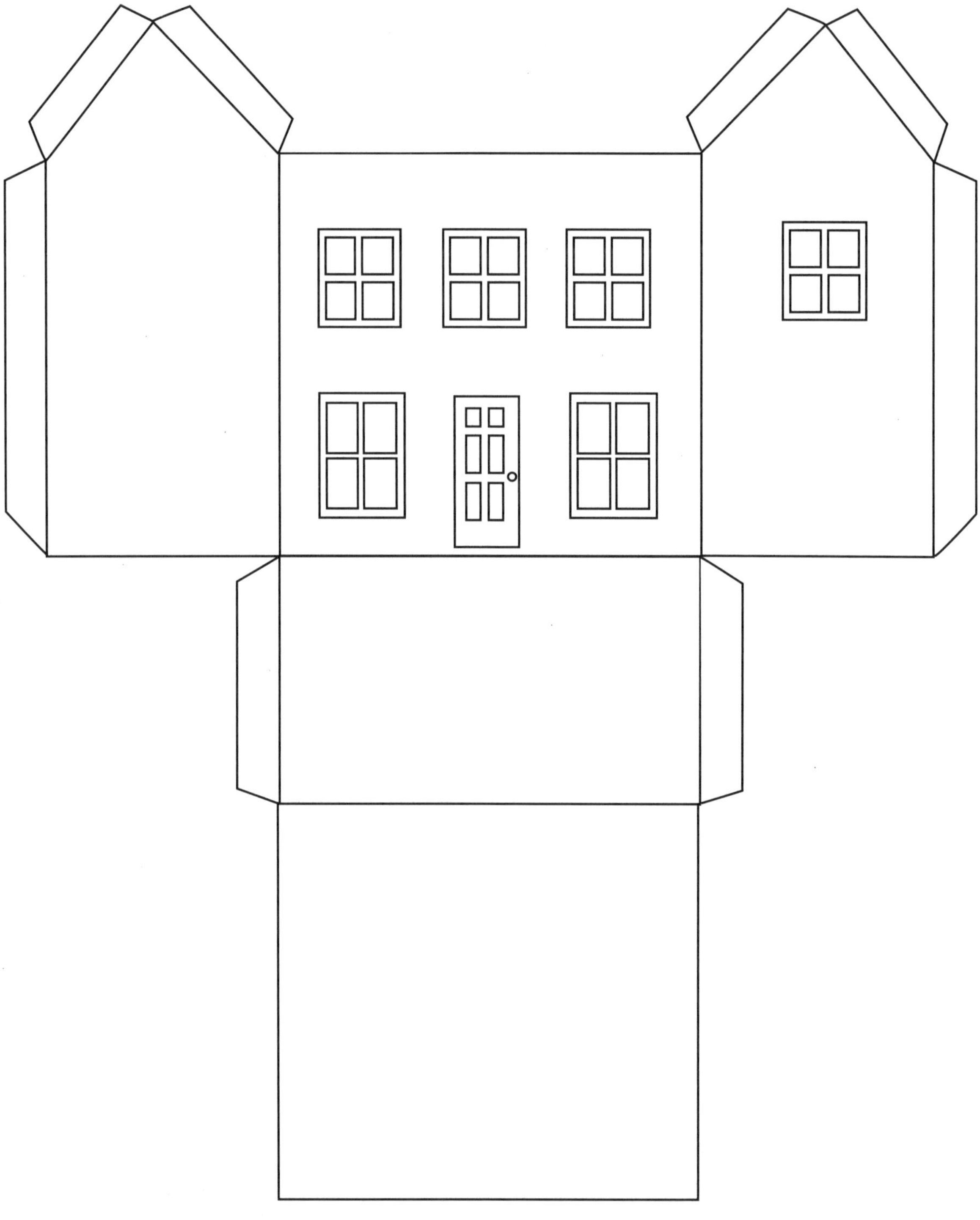

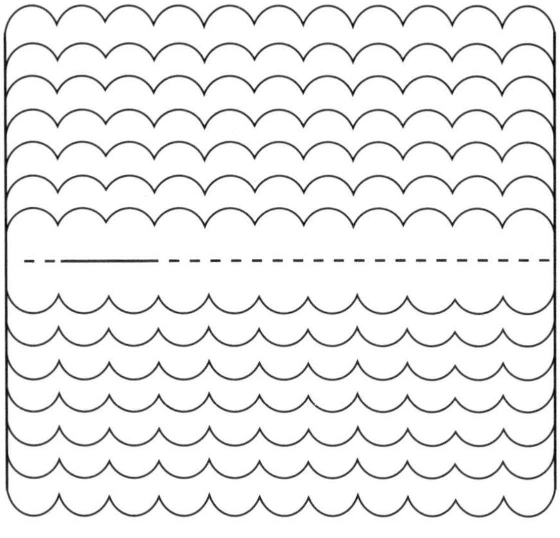

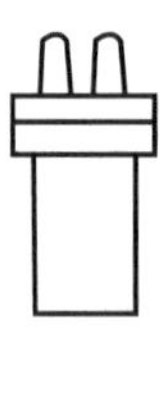

Wasserbombe

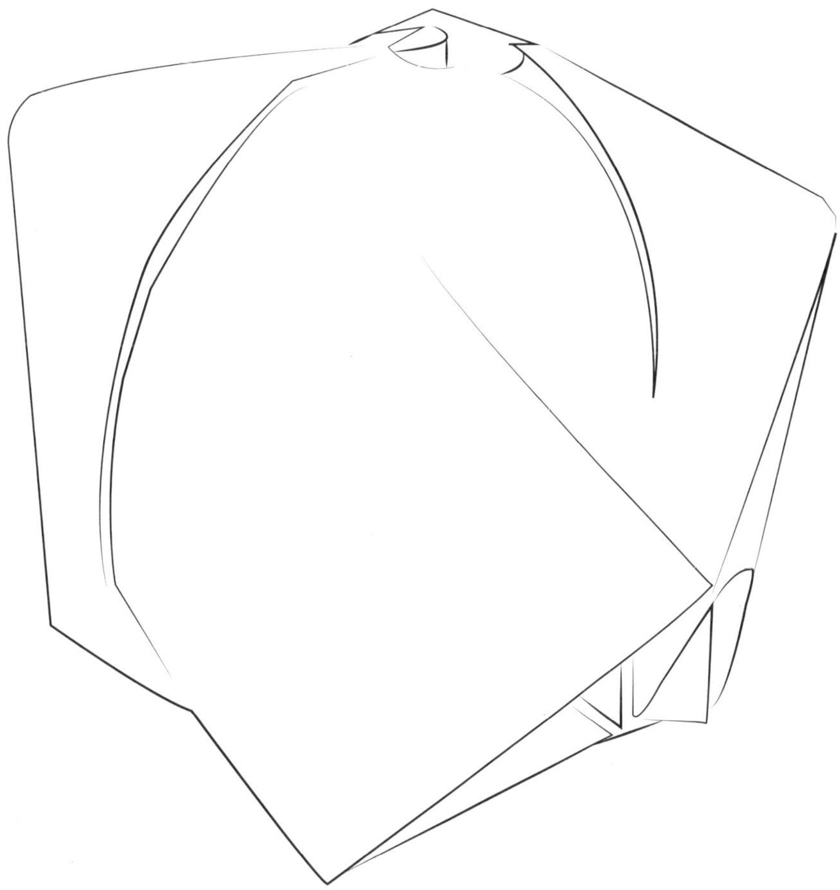

1. Das DIN-A4-Blatt zum Quadrat kürzen: Dazu die obere Ecke an den gegenüberliegenden Rand falten. Das Rechteck unter dem gerade gebildeten Dreieck abschneiden.

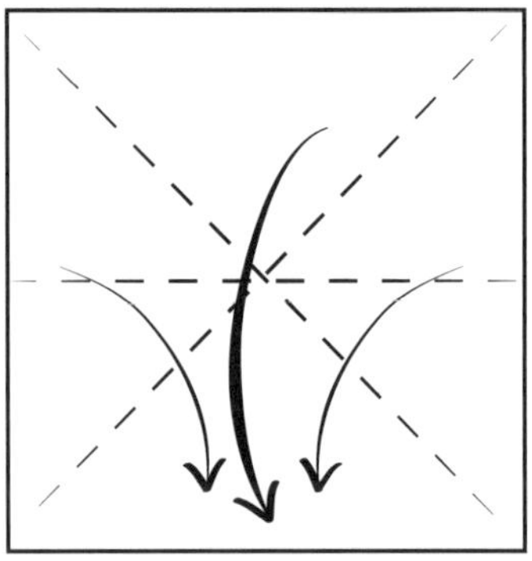

2. Die Diagonale falten und entfalten. Mit der anderen Diagonale wiederholen. Das Blatt wenden und in der Mitte falten.

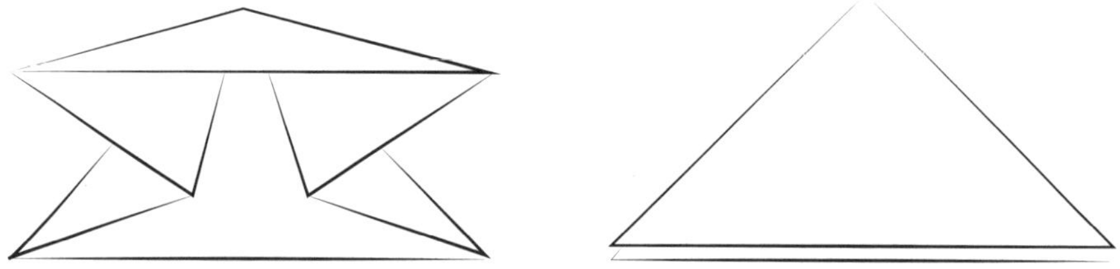

3. Das Blatt wieder wenden und die linke und die rechte Seite, wie in der Abbildung zu sehen, zu einem Dreieck zusammenschieben.

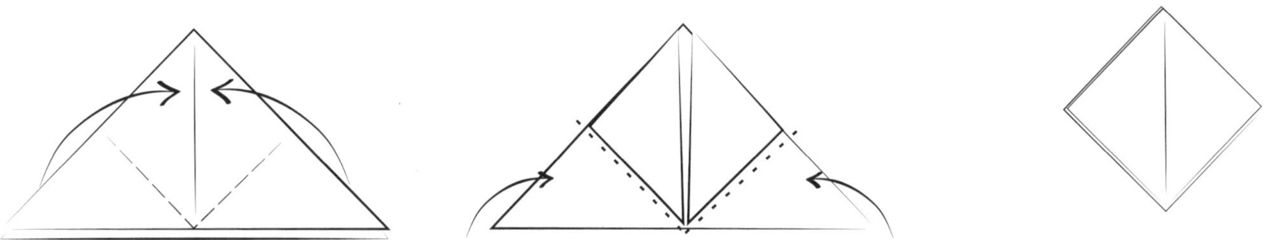

4. Die vorderen unteren Ecken wie abgebildet zur Spitze falten. Das Blatt wenden und das Gleiche auf der anderen Seite wiederholen, sodass eine Raute entsteht.

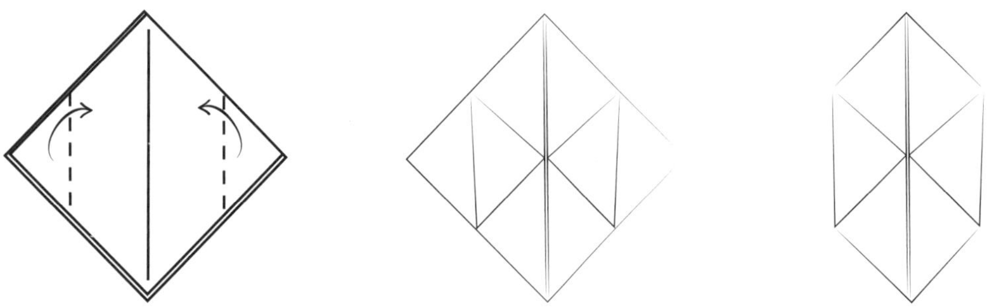

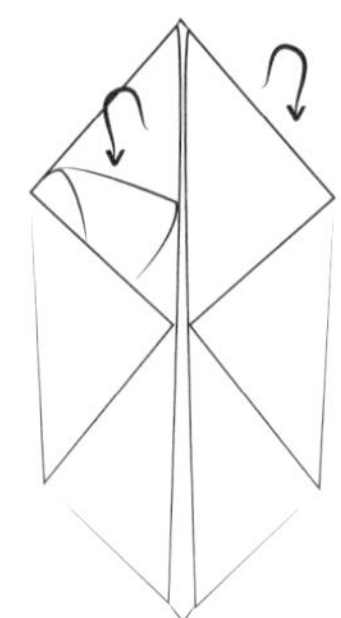

5. Die rechte und die linke Ecke auf beiden Seiten zur Mitte falten.

6. Jede der vier „Taschen“ öffnen und in die darunterliegenden Laschen schieben.

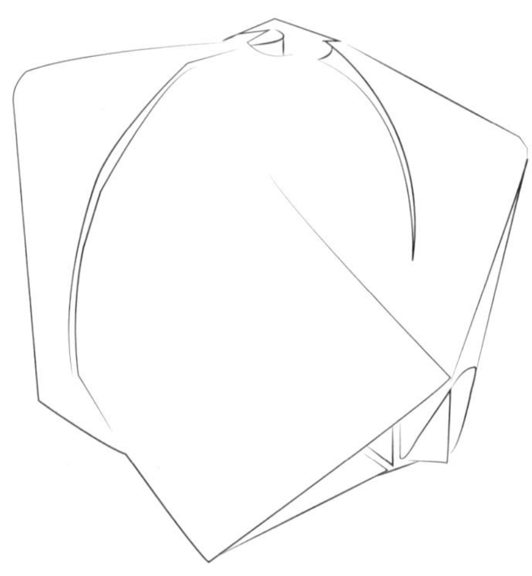

7. Die Wasserbombe bilden. Dazu erst das Papier teilweise wieder entfalten und dann sanft in das Loch an einem Ende pusten. Mit Wasser füllen und werfen.

Himmel & Hölle

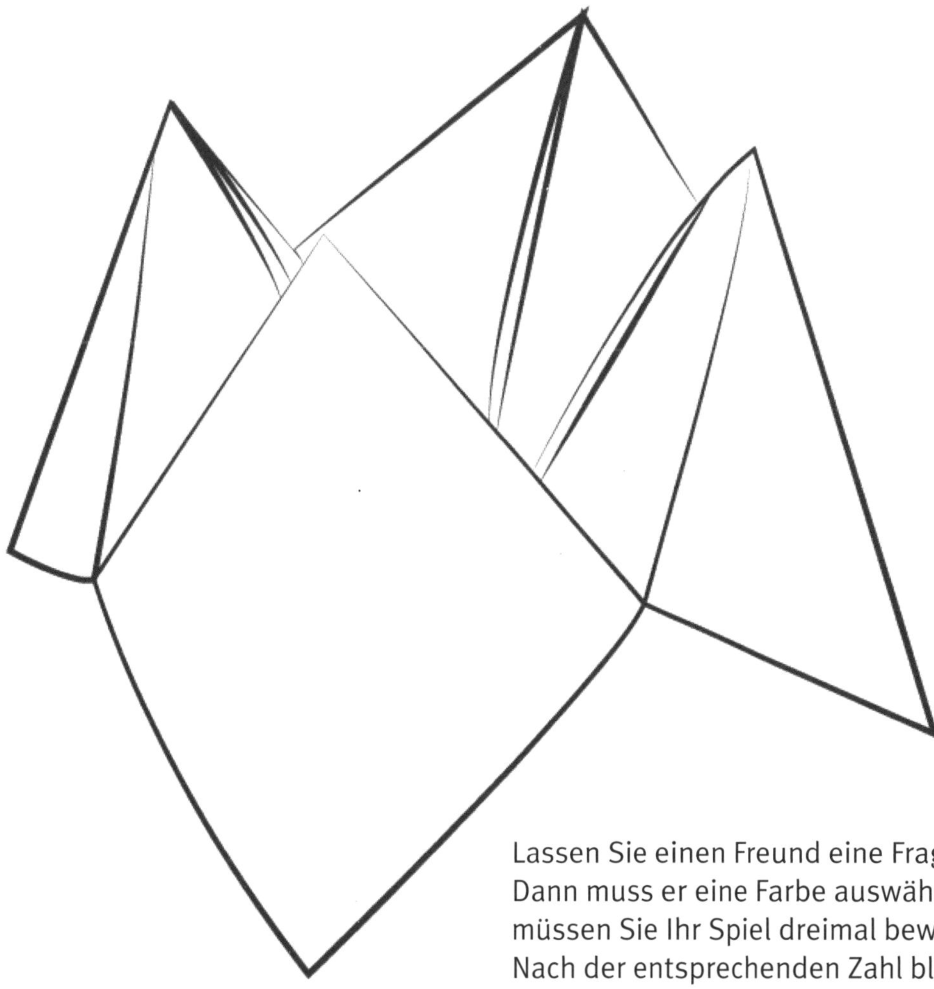

Lassen Sie einen Freund eine Frage stellen. Dann muss er eine Farbe auswählen (bei Rot müssen Sie Ihr Spiel dreimal bewegen, 'R' 'O' 'T'). Nach der entsprechenden Zahl bleibt das Spiel geöffnet, sodass vier Zahlen zu sehen sind, aus denen gewählt werden kann. Sie bewegen es entsprechend der gewählten Zahl. Zum Schluss wird wieder eine der Zahlen ausgewählt, unter der sich die Antwort auf die gestellte Frage versteckt.

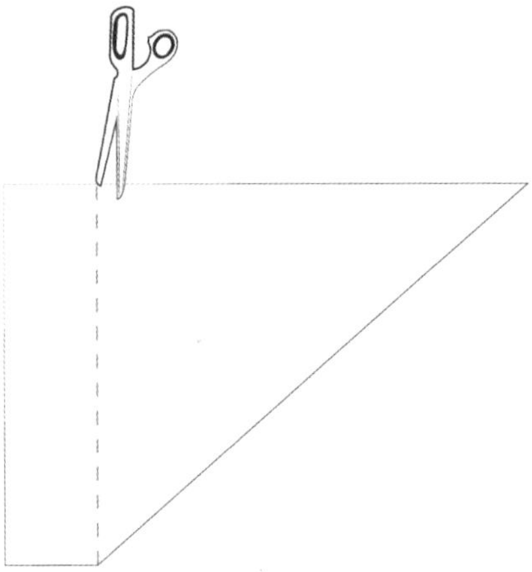

1. Das DIN-A4-Blatt in ein Quadrat verwandeln. Dazu die obere rechte Ecke an den gegenüberliegenden Rand falten. Das Rechteck abschneiden.

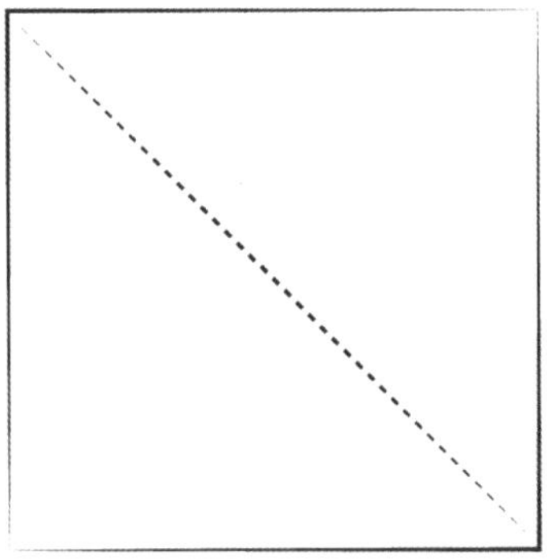

2. Eine Diagonale falten.

3. Das Blatt um 45° drehen und eine weitere Diagonale falten.

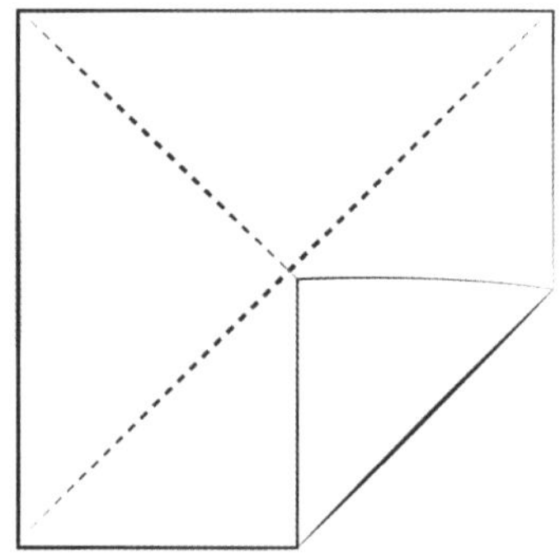

4. Die rechte untere Ecke zur Mitte falten.

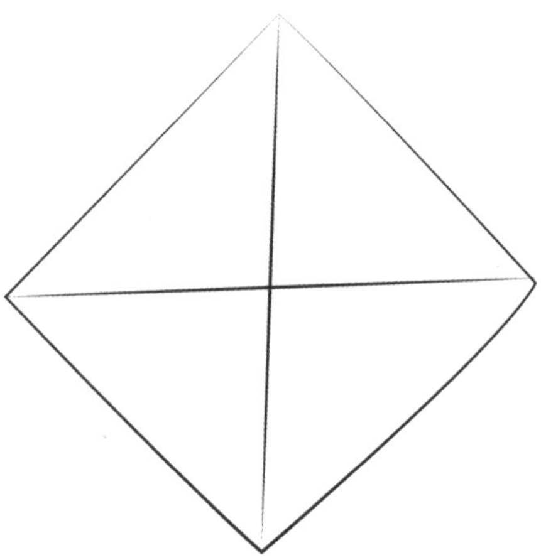

5. Mit den anderen drei Ecken wiederholen.

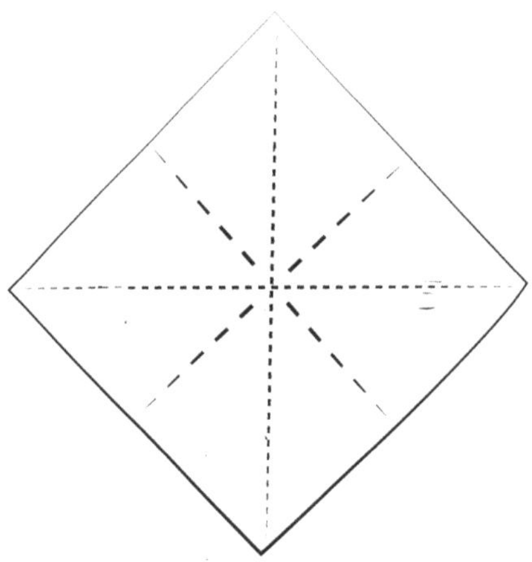

6. Das Quadrat wenden und die Antworten in die acht Dreiecke schreiben (Ja, Nein, Vielleicht, Auf keinen Fall usw.)

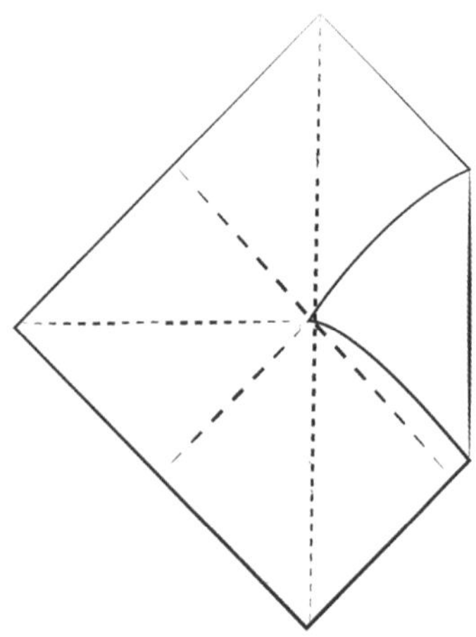

7. Die Ecken zur Mitte falten.

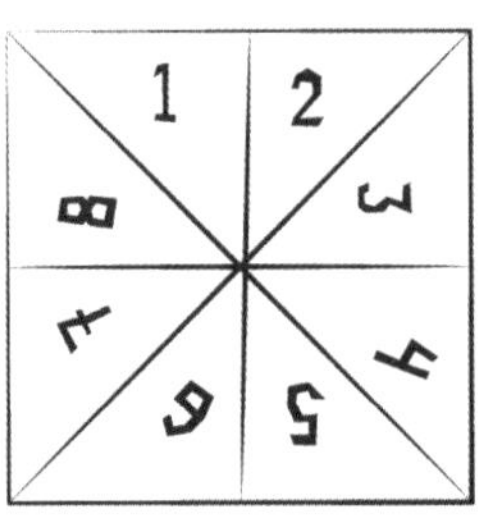

8. Zahlen auf die acht Dreiecke schreiben.

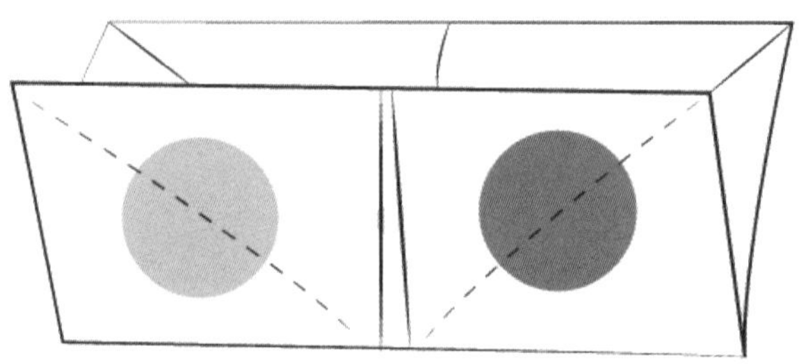

9. Das Quadrat wenden und jede der vier dreieckigen Laschen mit einem Punkt in einer anderen Farbe markieren.

10. Die Laschen aufziehen, damit Sie Daumen und Zeigefinger beider Hände in das Spiel stecken können.

Lampion

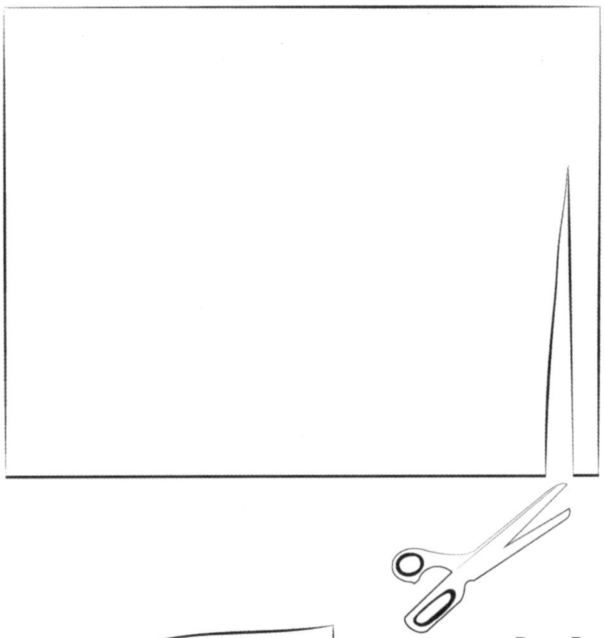

1. Einen Streifen von einem Ende des Blatts abschneiden und für den Henkel beiseitelegen.

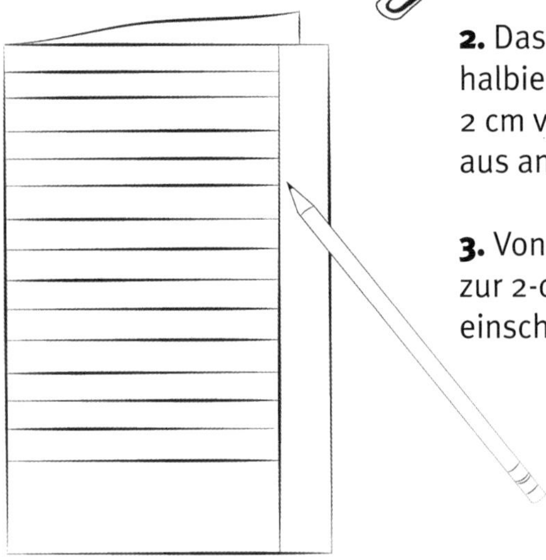

2. Das Papier der Breite nach halbieren und eine Linie 2 cm von der Außenkante aus anbringen.

3. Von der Faltkante aus bis zur 2-cm-Markierung Streifen einschneiden.

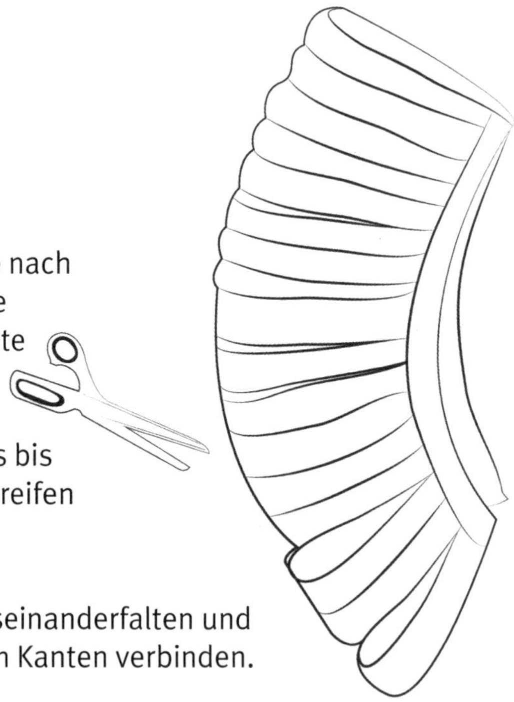

4. Auseinanderfalten und an den Kanten verbinden.

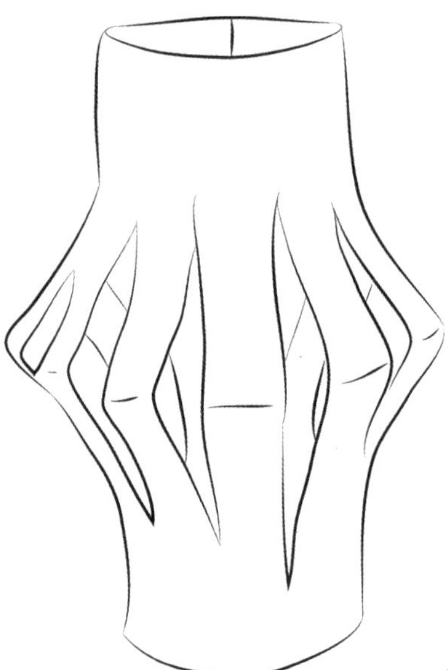

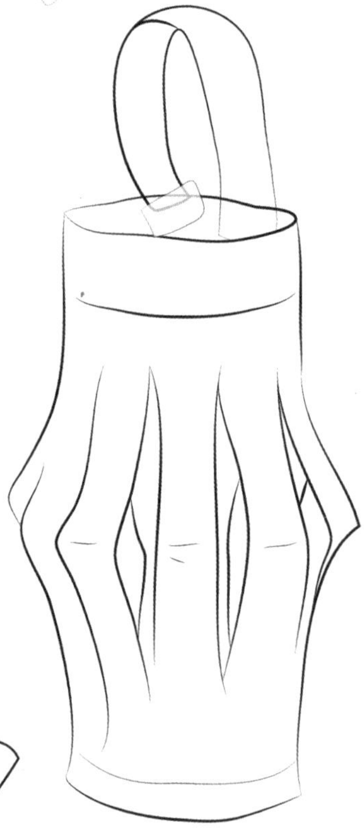

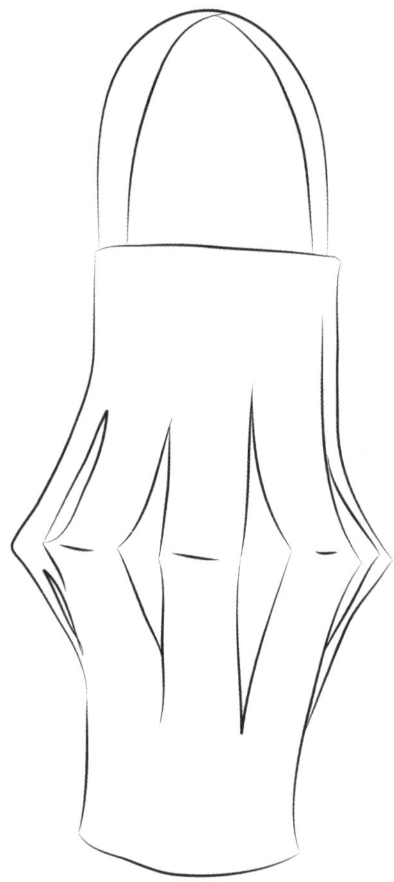

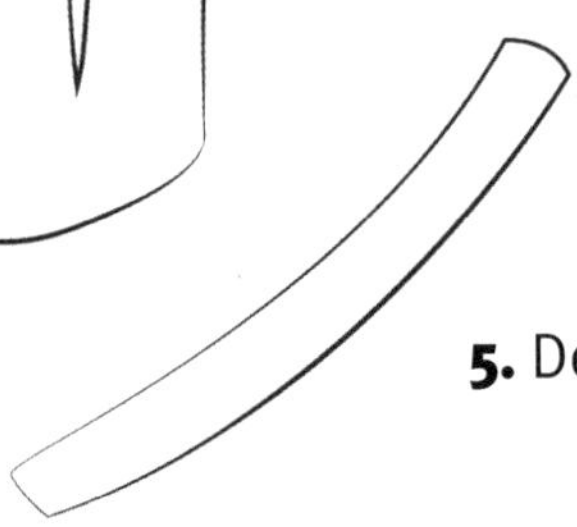

5. Den Henkel anbringen.

Papierrahmen

Schneiden Sie die Rahmen auf der nächsten Seite aus und präsentieren Sie darin Ihre Fotos.

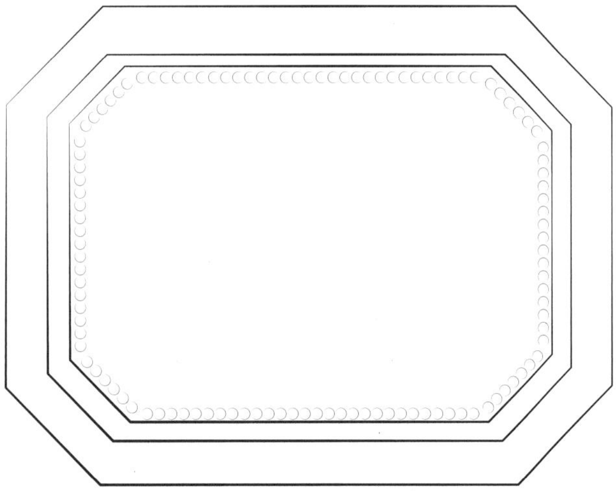

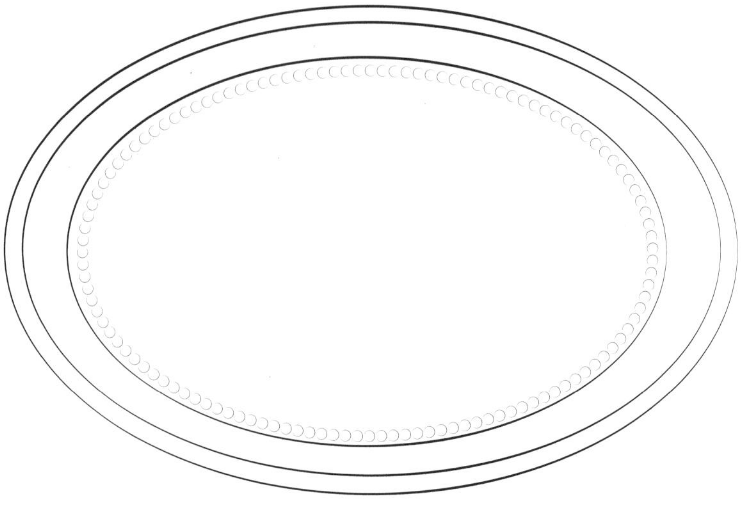

Herz-Papierkette

1. Das Papier der Länge nach in sieben Streifen schneiden.

2. Den ersten Streifen in der Mitte falten.

3. Die beiden Enden zu einem Herz formen und zusammenheften oder -kleben.

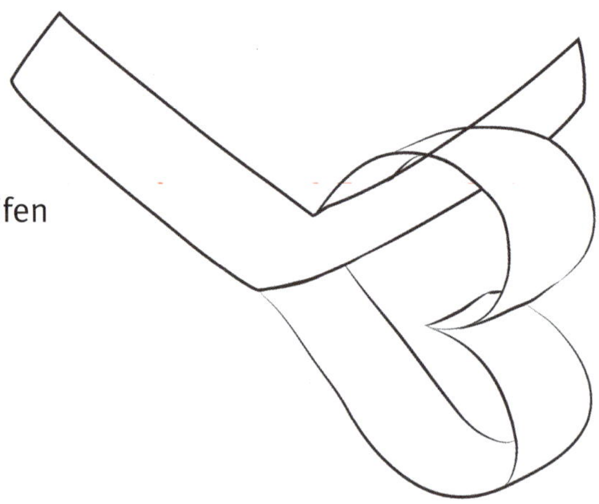

4. Einen zweiten Streifen in der Mitte falten.

5. Den Streifen durch das erste Herz führen, die beiden Enden zu einem weiteren Herz formen und fixieren. Wiederholen, bis alle Streifen verbraucht sind oder die Kette die gewünschte Länge erreicht hat.

Osterhasen-Girlande

Osternest

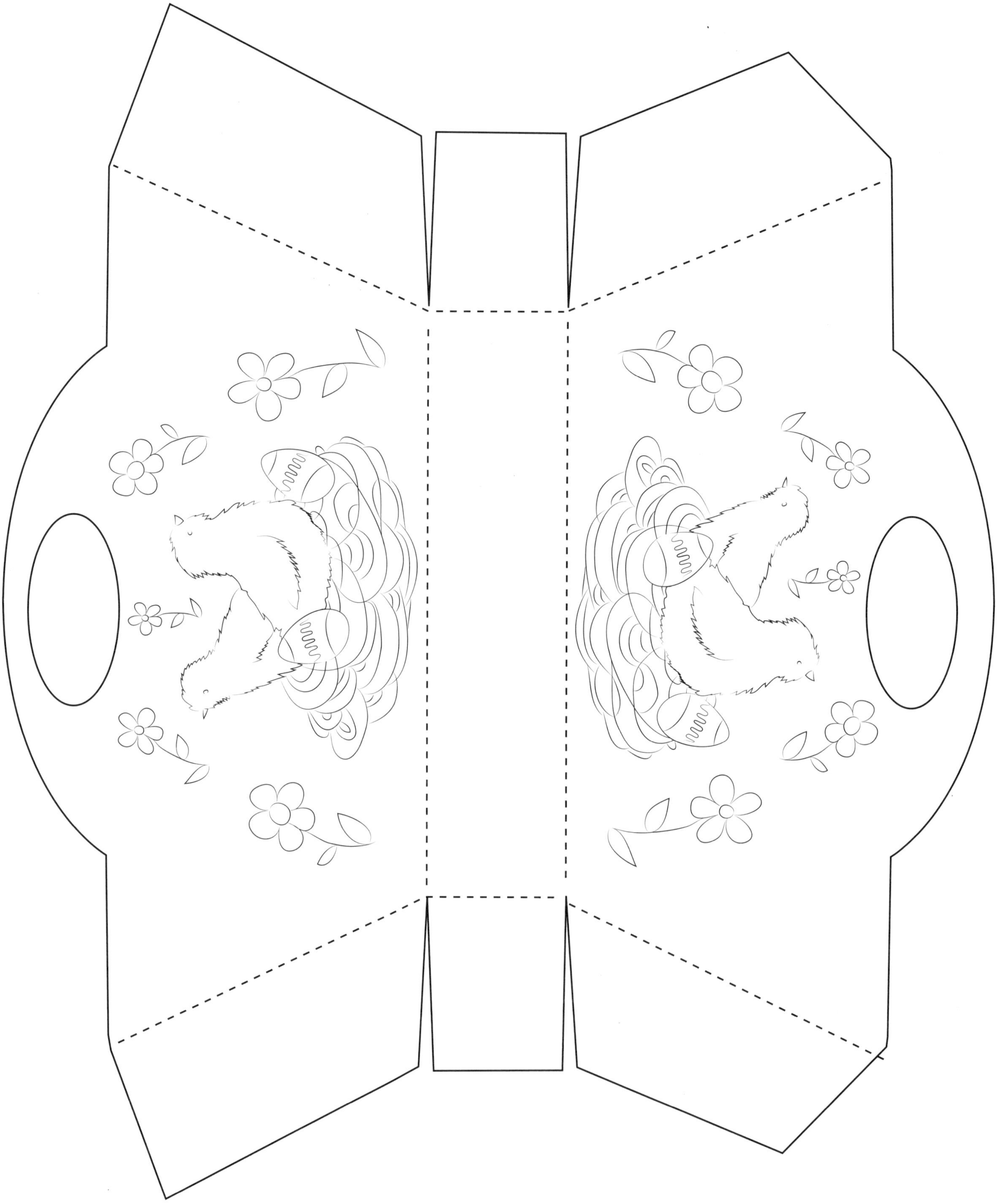

BLÜTEN

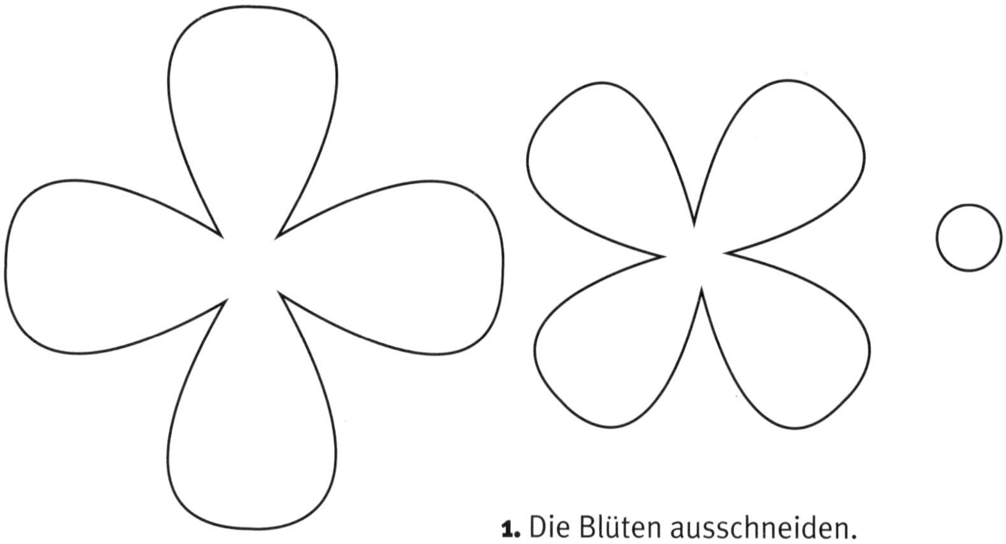

1. Die Blüten ausschneiden.

2. Etwas Klebstoff in die Mitte der größten Blüte geben. Die nächstkleinere leicht versetzt darauflegen. Mit den restlichen Blüten wiederholen.

Schattenspielfigur: Hexe

1. Die Schablone ausschneiden und an einem Stift befestigen.

2. Für das Schattenspiel brauchen Sie eine (lichtdurchlässige) Projektionsfläche für die Schatten. Dazu können Sie einfach ein weiteres Blatt Papier verwenden. Das Licht (Sonnenlicht oder der Schein einer Lampe) muss auf die Projektionsfläche fallen. Nun wird jeder Gegenstand, den Sie zwischen der Lichtquelle und der Projektionsfläche platzieren, einen Schatten werfen.

PAPIERKETTEN FÜR HALLOWEEN

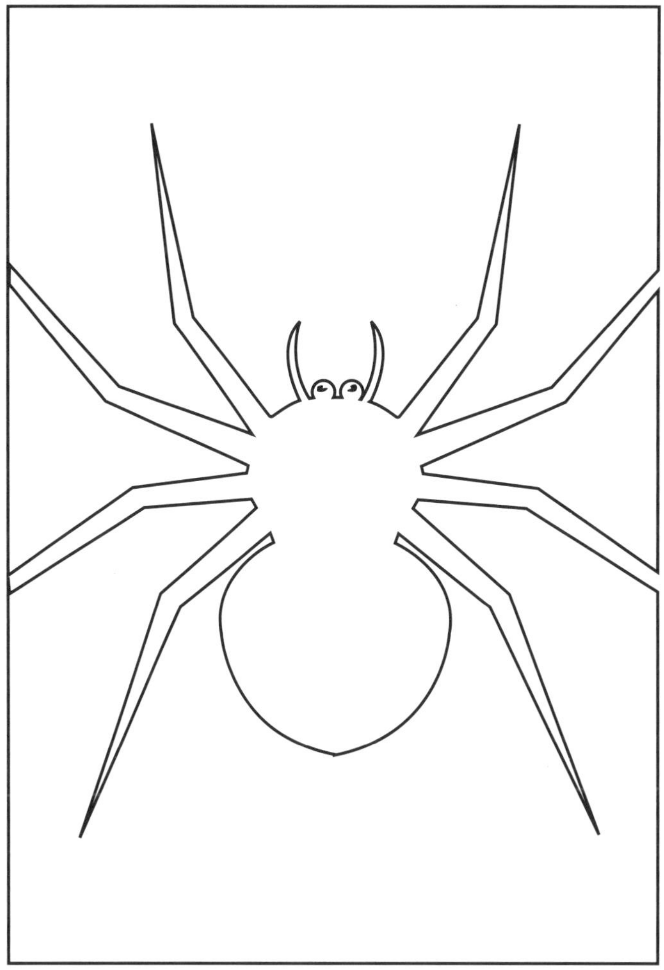

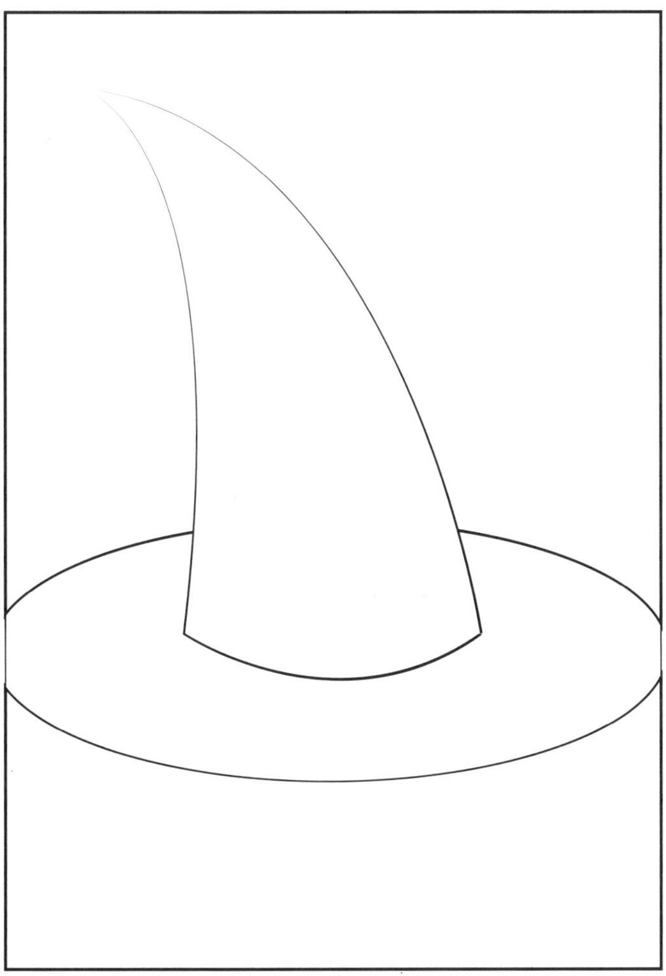

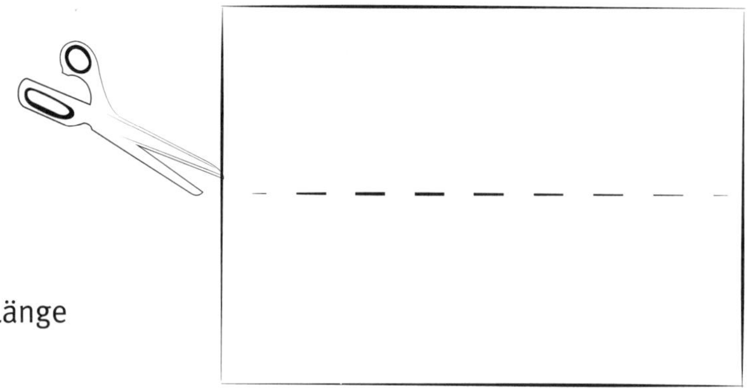

1. Das DIN-A4-Blatt der Länge nach falten.

2. Beide Hälften in Ziehharmonikafaltung in vier Teile falten.

3. Die gewählte Figur auf die oberste Lage zeichnen, dabei darauf achten, dass zwei Teile der Zeichnungen bis an den Rand reichen.

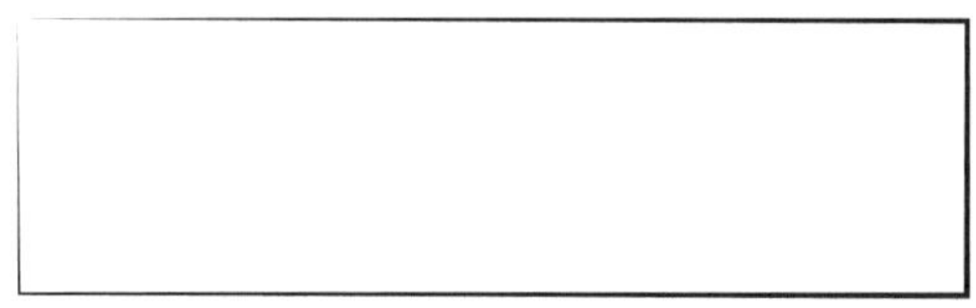

4. Ausschneiden, entfalten und die Kette mit Klebstoff oder Klebefilm verbinden.

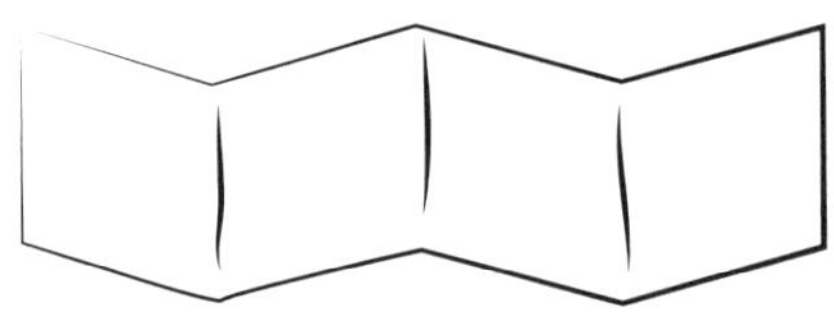

Fledermäuse für Halloween

1. Ausschneiden und an (Gummi-)Fäden befestigen.

2. Überall dort aufhängen, wo Sie Ihre Freunde damit erschrecken können.

Zucker
Tüte

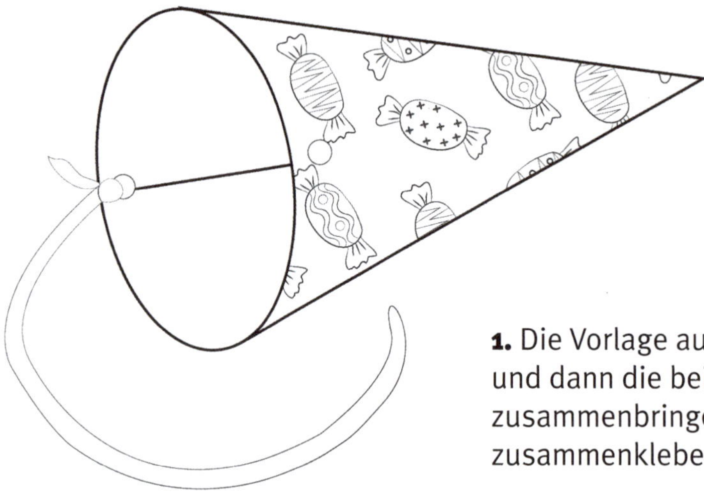

1. Die Vorlage ausmalen, ausschneiden und dann die beiden geraden Seiten zusammenbringen und zu einer Tüte zusammenkleben.

2. Für den Griff einen Streifen Papier abschneiden und an beiden Seiten oben an der Tüte anbringen.

Ornament

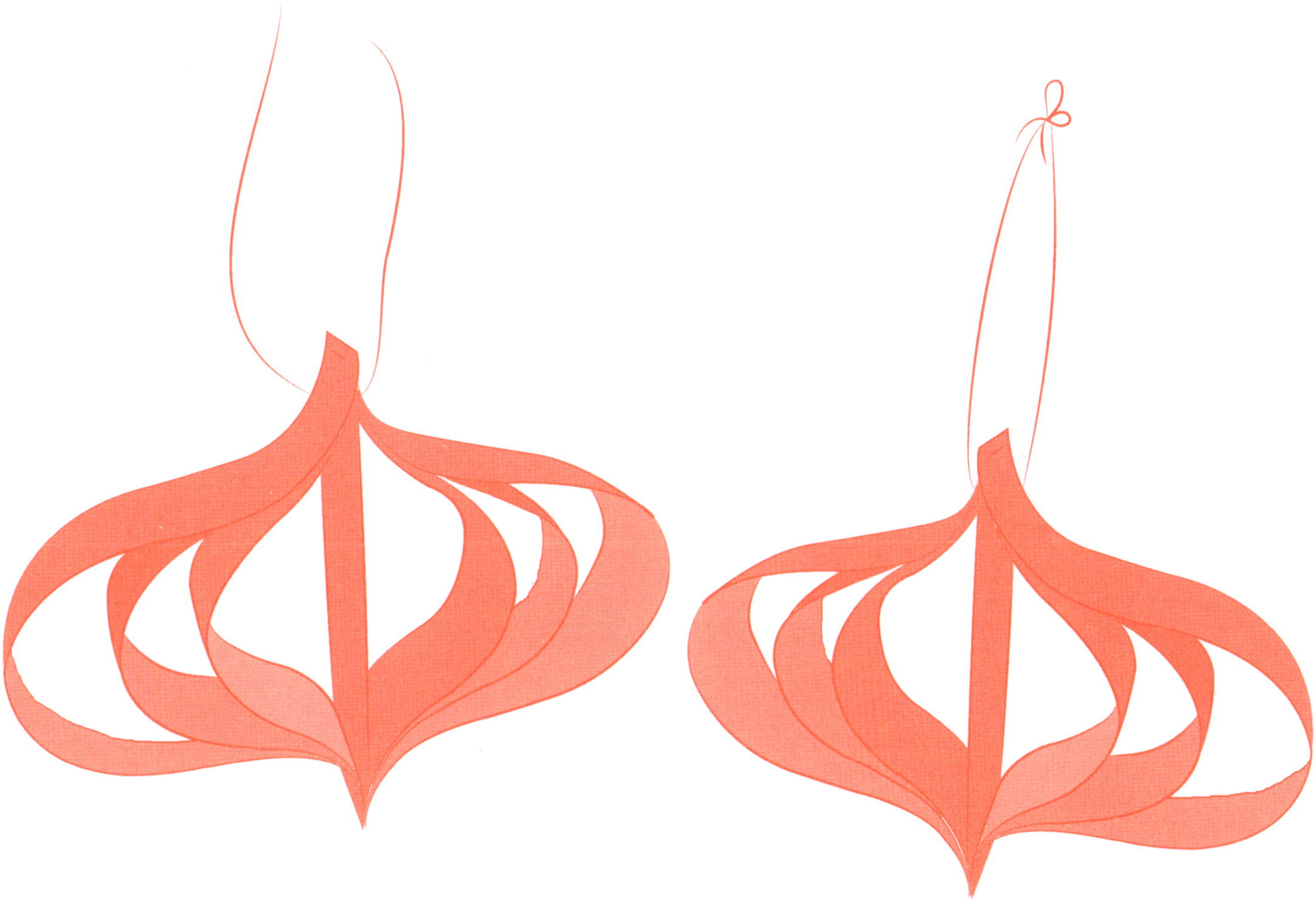

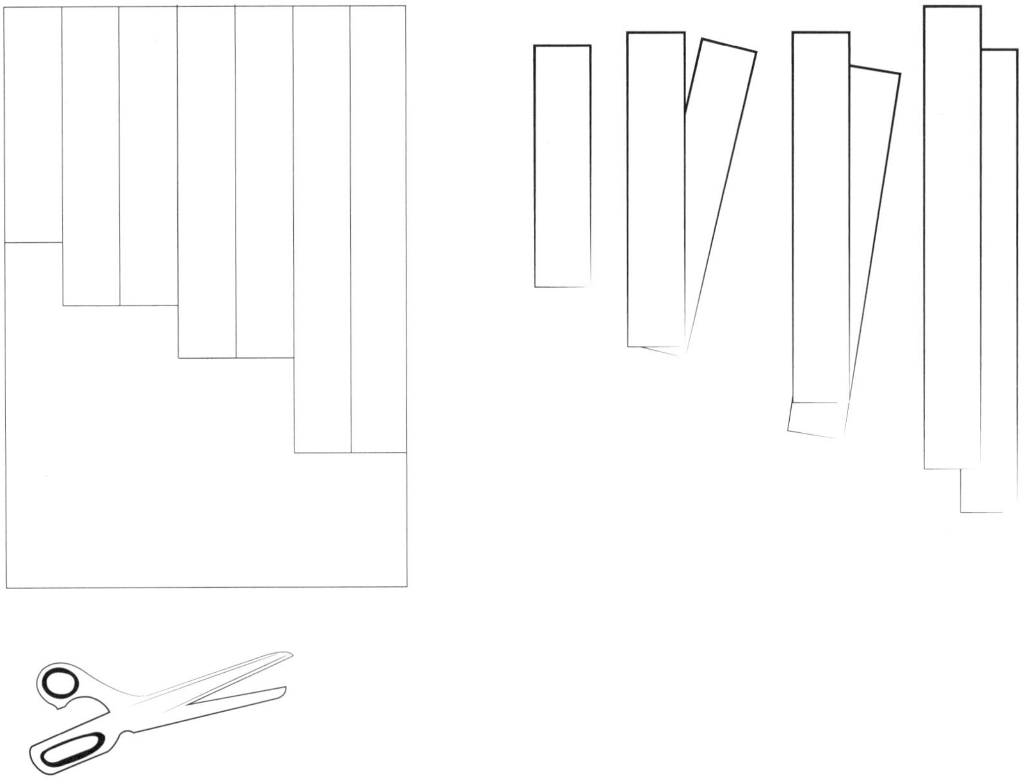

1. Einen 3 cm x 12 cm langen, zwei 3 cm x 15 cm lange, zwei 3 cm x 18 cm lange und zwei 3 cm x 23 cm lange Streifen zuschneiden. Den kürzesten Streifen zwischen die beiden nächstgrößeren stecken, dabei die Streifen alle an einem kurzen Ende zusammenhalten.

2. Die nächstgrößeren Streifen auf beiden Seiten von außen auf die zweite Lage legen und auch an dem kurzen Ende festhalten. Zum Schluss die letzten Streifen genauso anlegen. Die Streifen so weit außen wie möglich zusammenheften.

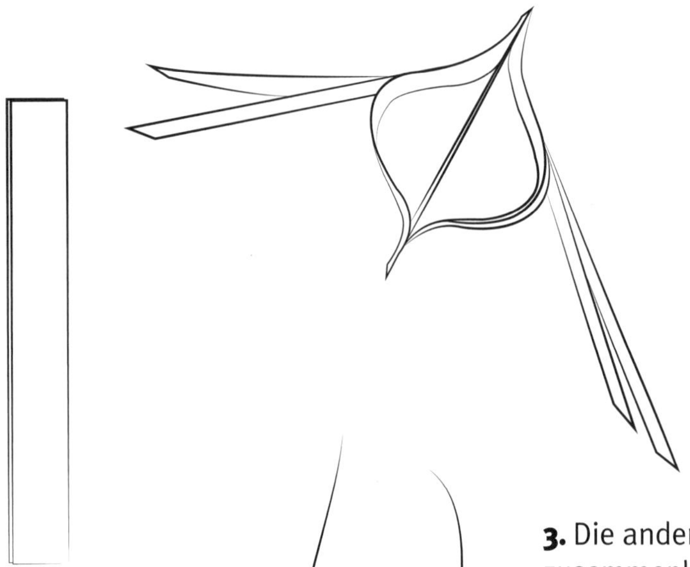

3. Die anderen Enden der Streifen zusammenlegen (wodurch die gebogene Form entsteht) und zusammenheften.

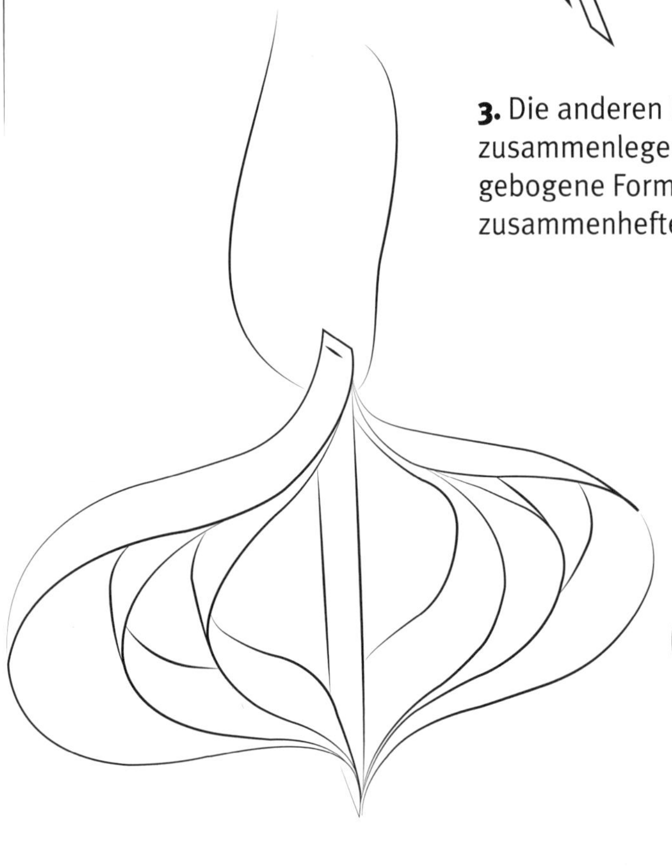

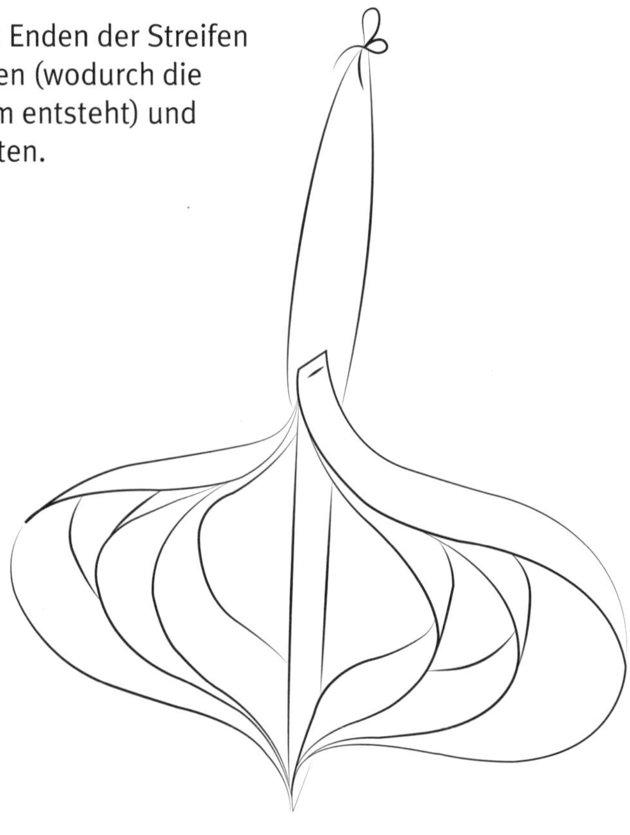

Weihnachtsbaum-Girlanden

1. Die Vorlagen auf der vorigen Seite ausmalen (für eine längere Kette die Seite kopieren). Entlang der gestrichelten Linien ausschneiden.

2. Die Enden des ersten Streifens mit Klebstoff oder Klebefilm zu einem Ring zusammenkleben oder -heften.

3. Den nächsten Streifen durch den Ring führen und wie in Schritt 2 befestigen. Mit den übrigen Streifen wiederholen.

Weihnachtsbaum

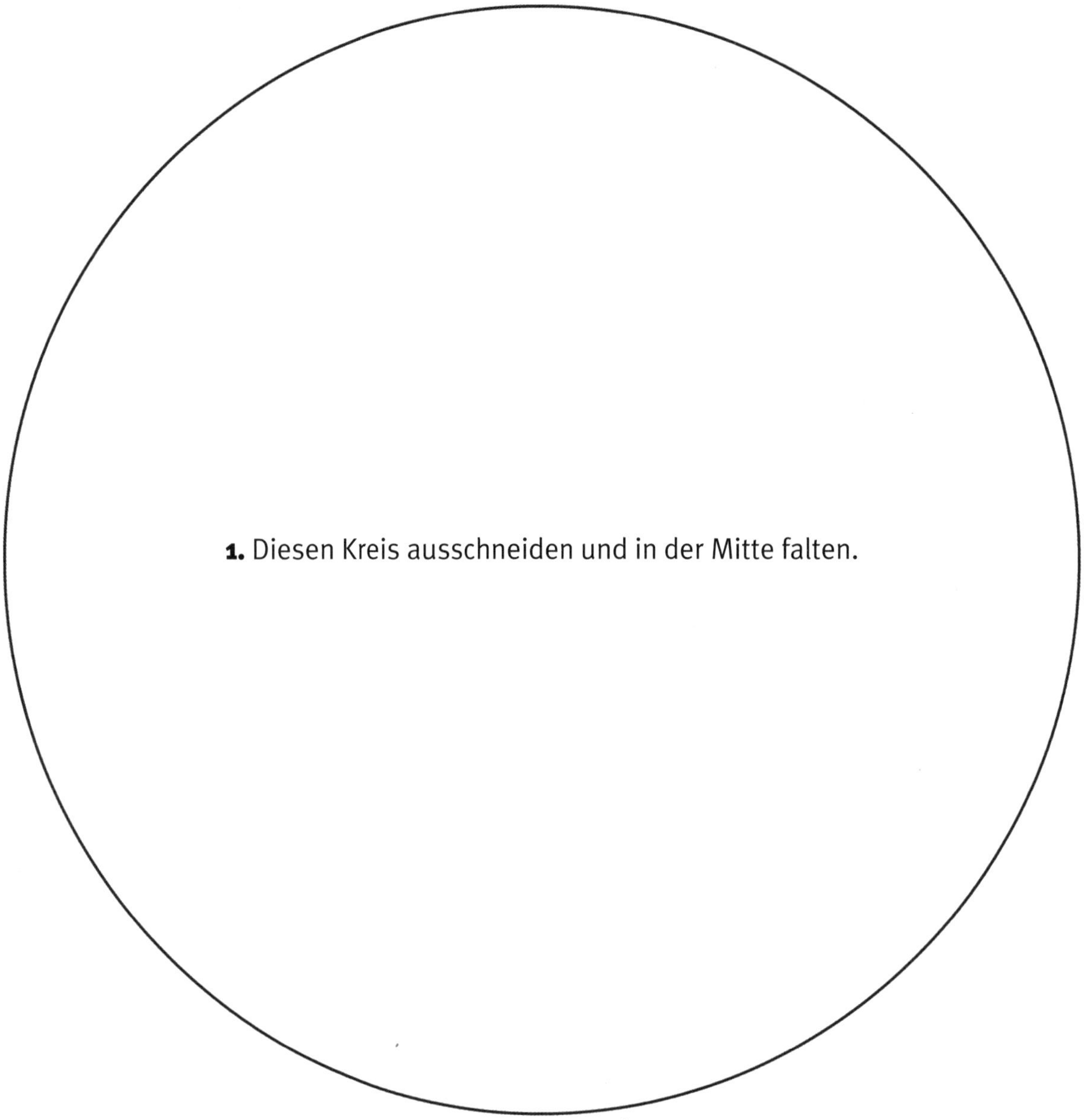

1. Diesen Kreis ausschneiden und in der Mitte falten.

2. Eine der Ecken umfalten und dann an der gestrichelten Linie wie abgebildet zurückfalten.

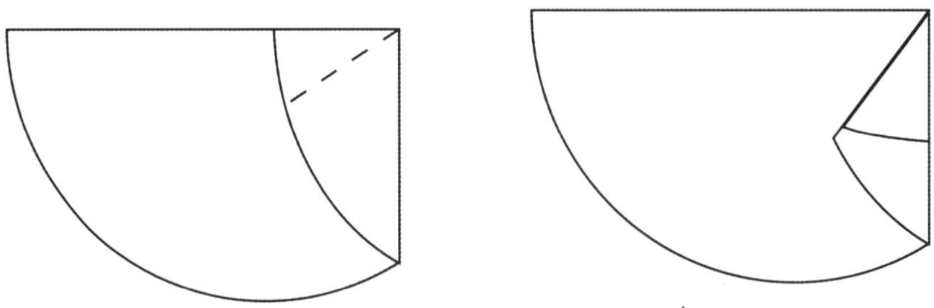

3. Den Baum wenden und die kürzere Kante zur längeren Kante auf der gegenüberliegenden Seite falten.

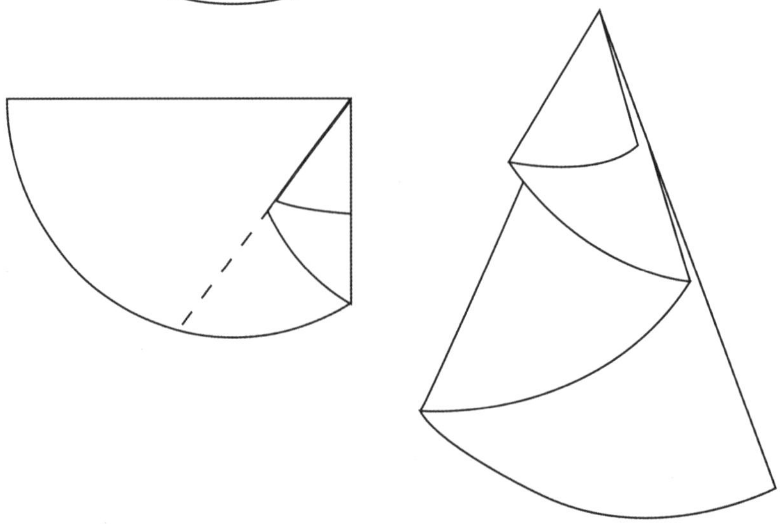

Advents-kranz

1. Die runde Vorlage auf der nächsten Seite ausschneiden.
Auf diese Basis kleben Sie die Blätter.

2. So viele Blätter, wie Sie für nötig halten, ausschneiden
(je mehr Blätter Sie haben, desto voller wird der Kranz)
und festkleben.

CHRISTBAUM KUGELN

Fliegende Engel

1. Die Engel ausmalen.

2. Ausschneiden, an Fäden aufhängen und damit den Christbaum, den Kamin oder ein Fenster schmücken.

3-D-STERN

1. Die Vorlagen ausschneiden.

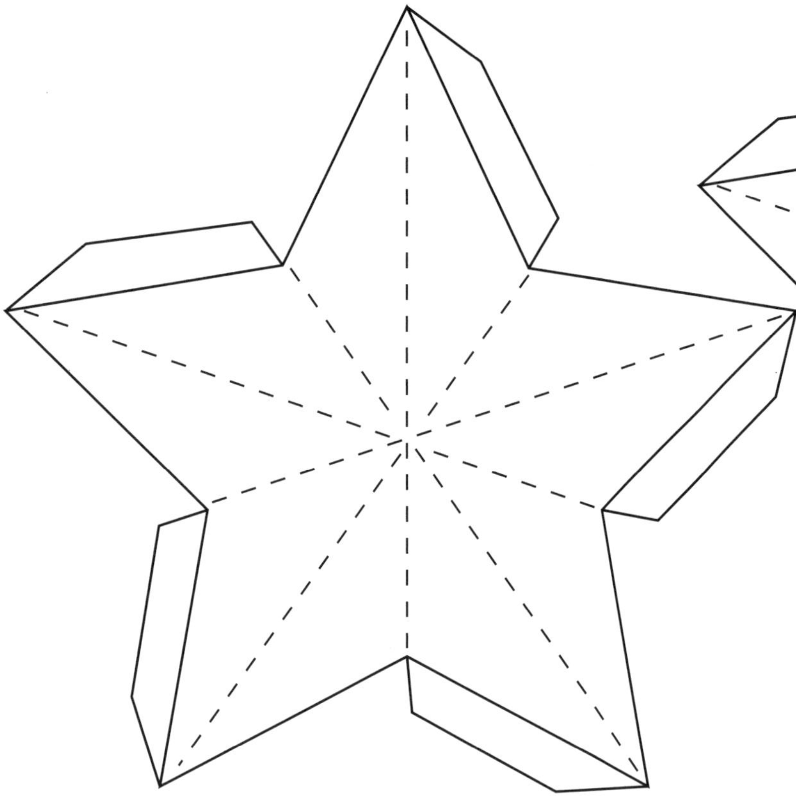

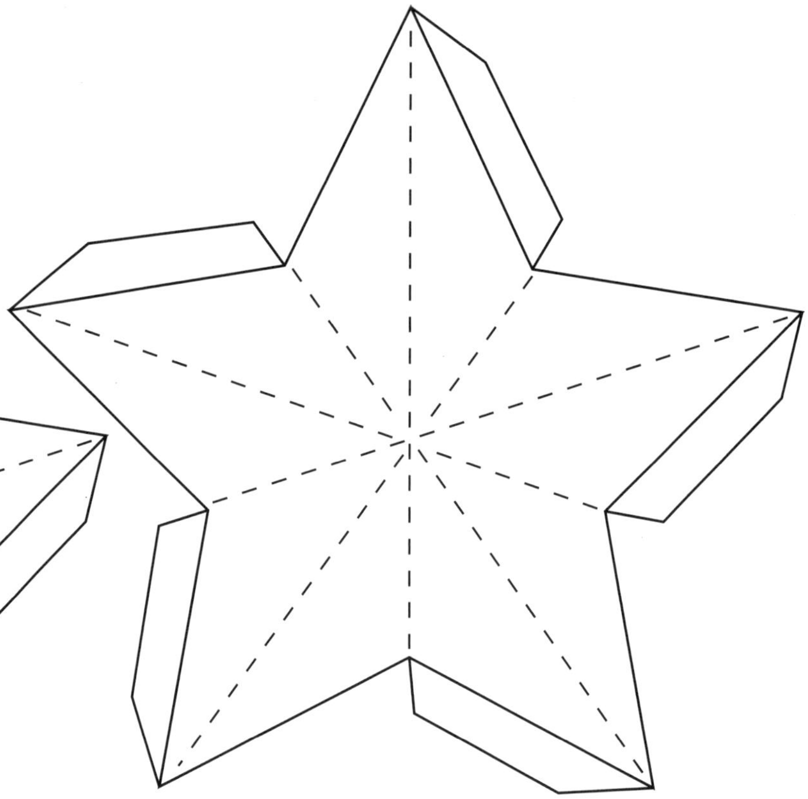

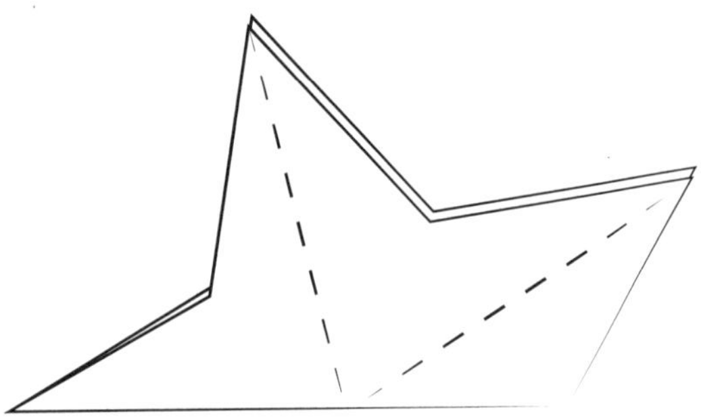

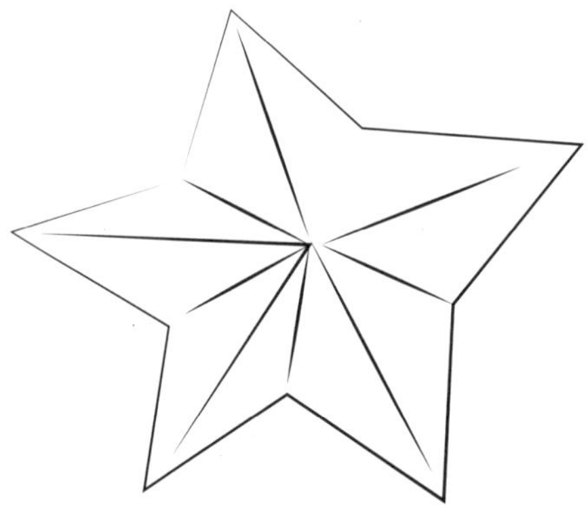

2. Einen der Sterne in der Mitte falten und falzen.

3. An jeder der Spitzen in der Mitte falten, bis Sie fünf Faltlinien haben. Wiederholen Sie das Ganze an dem anderen Stern.

4. Die fünf Laschen an beiden Sternen nach innen falten.

5. Die Laschen eines der beiden Sterne mit Klebstoff bestreichen und die Sterne zusammenkleben.

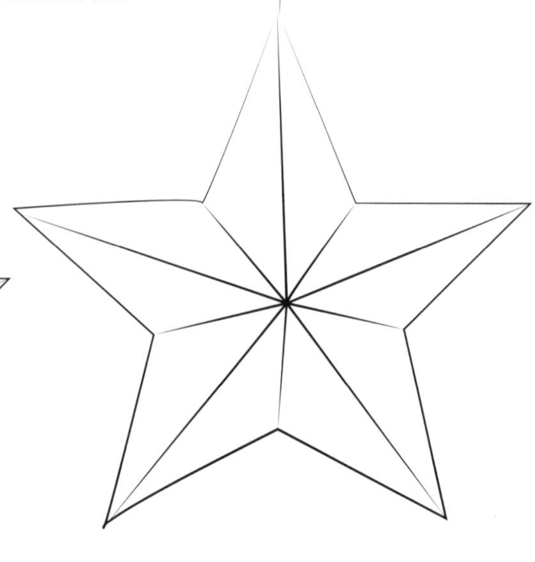

Scherenschnitt-Hirsch

Das Motiv auf der vorigen Seite auf einer Schneideunterlage
mit einem Cutter ausschneiden.

Scherenschnitt-Eistänzerin

Das Motiv auf der vorigen Seite auf einer Schneideunterlage mit einem Cutter ausschneiden.

Falt-Klapp-Schnitt: Flocke

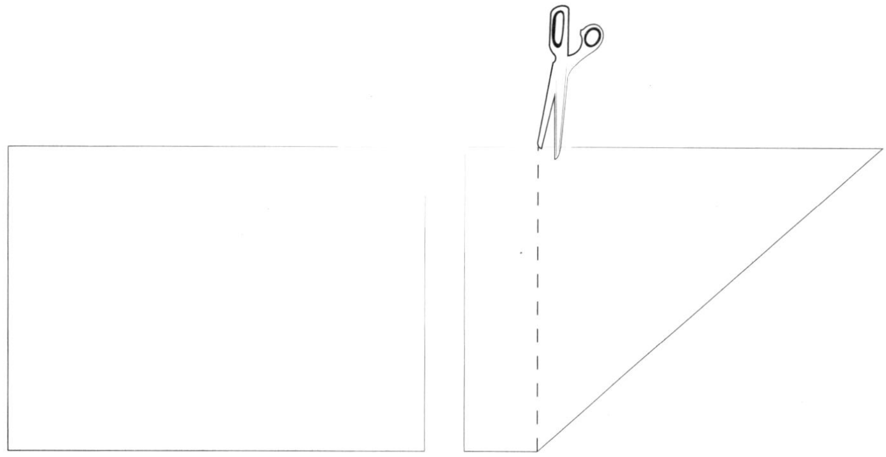

1. Das DIN-A4-Blatt in ein Quadrat verwandeln. Dazu die obere Ecke an den gegenüberliegenden Rand falten. Das Rechteck unter dem gefalteten Dreieck abschneiden.

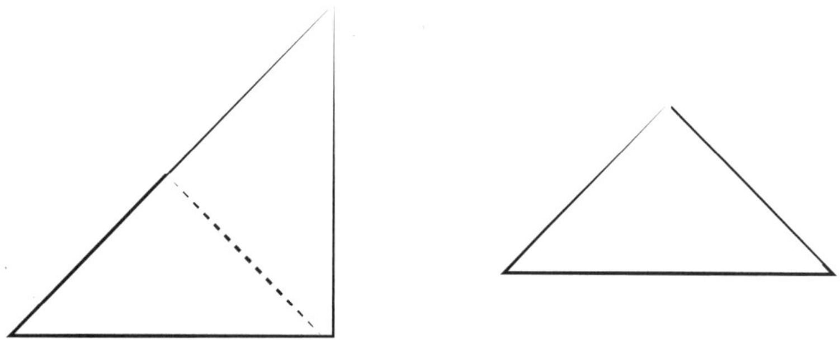

2. Das Dreieck halbieren, dazu die linke untere Ecke zur rechten oberen Ecke falten. Ein weiteres Mal falten, sodass ein kleineres Dreieck entsteht.

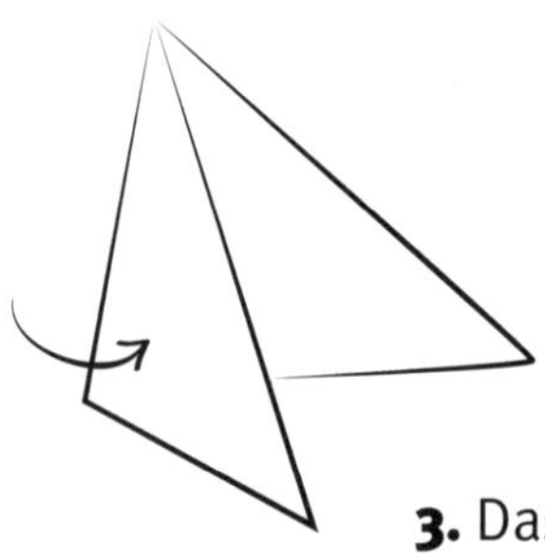

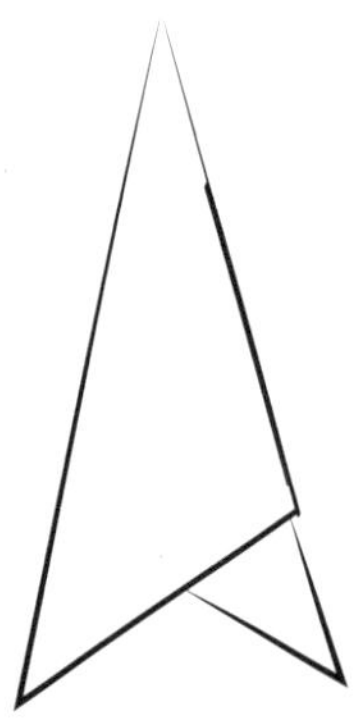

3. Das Dreieck einmal öffnen und die linke Kante zur Mitte falten. Die rechte Kante genauso zur Mitte falten, sodass die abgebildete Form entsteht.

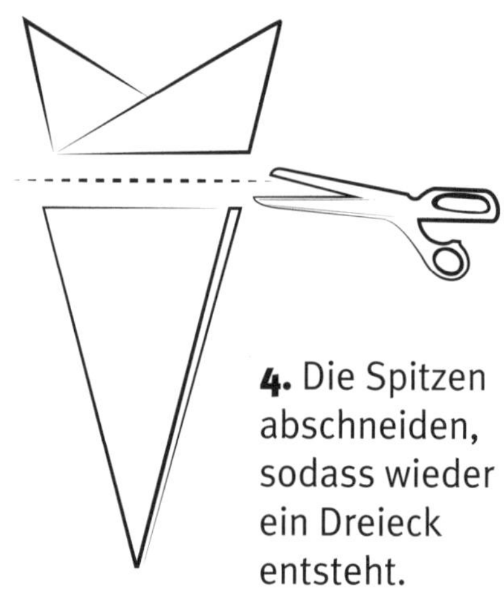

4. Die Spitzen abschneiden, sodass wieder ein Dreieck entsteht.

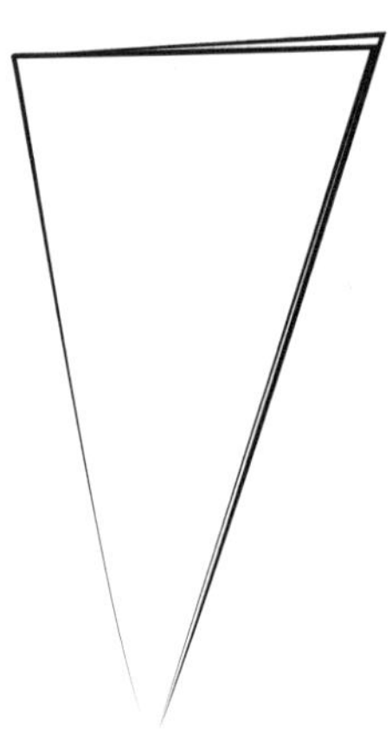

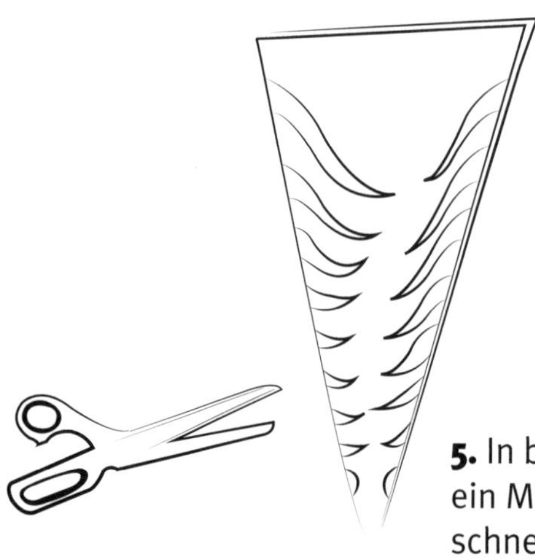

5. In beide Seiten ein Muster Ihrer Wahl schneiden und das Papier dann öffnen.

Wimpelketten

1. Die Vorlagen ausschneiden.

2. An den markierten Stellen Schlitze einschneiden und auf ein Band auffädeln, an dem Sie die Girlande aufhängen können.

Girlande mit Vogelmuster

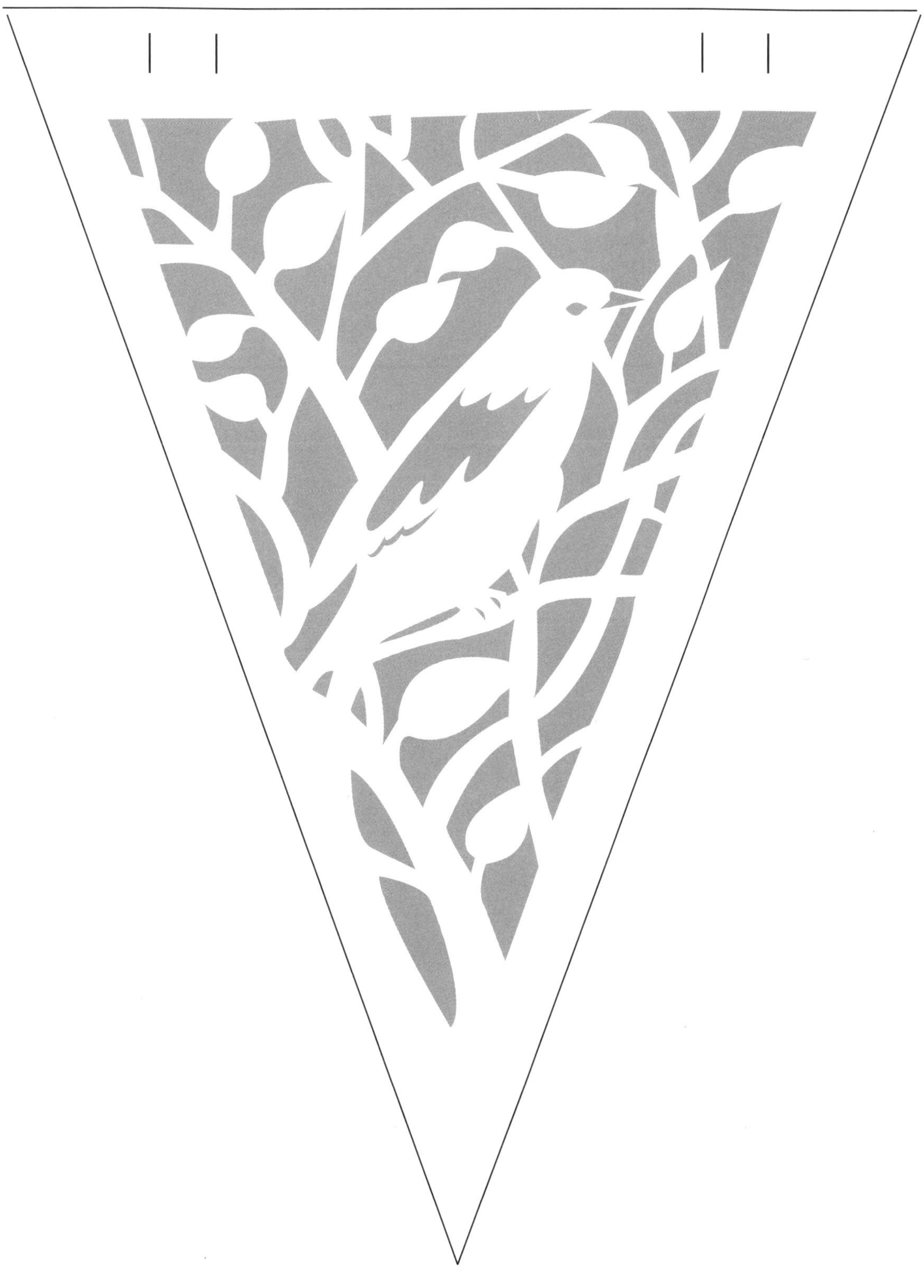

Bemalen Sie die grau hinterlegten Bereiche oder schneiden Sie sie mit einem Cutter aus.

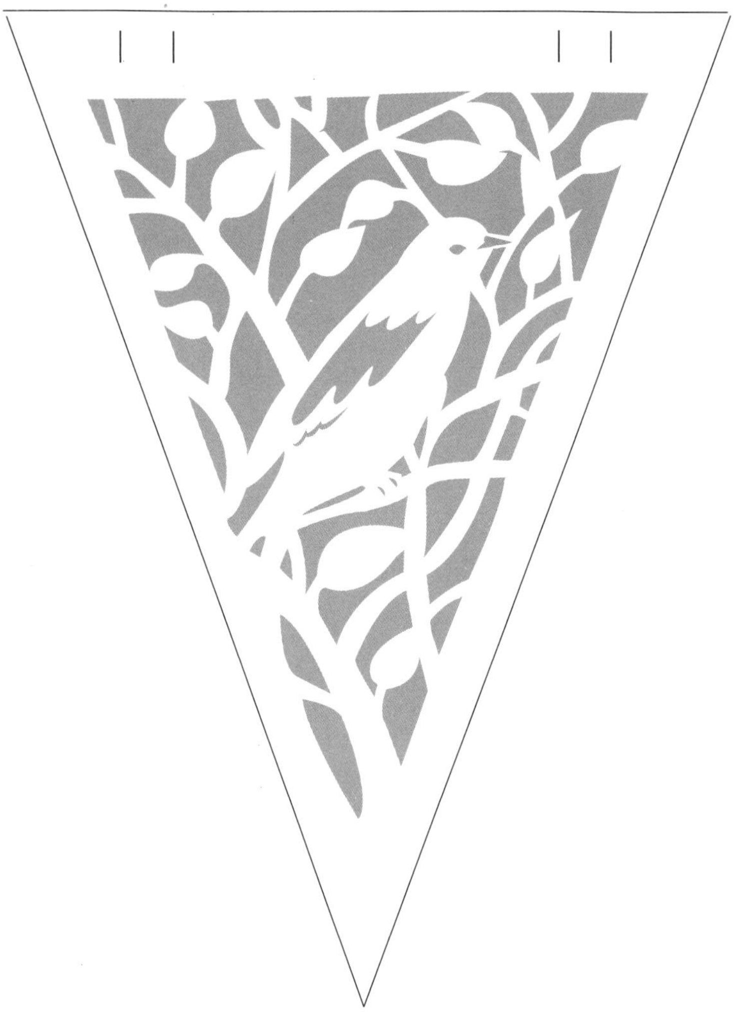

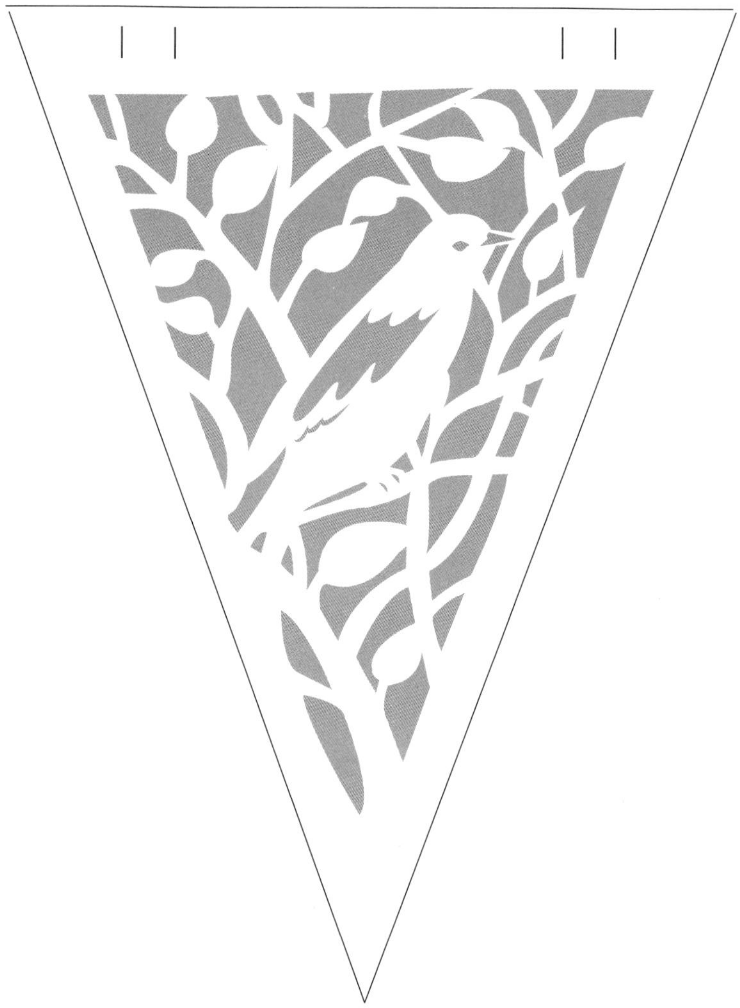

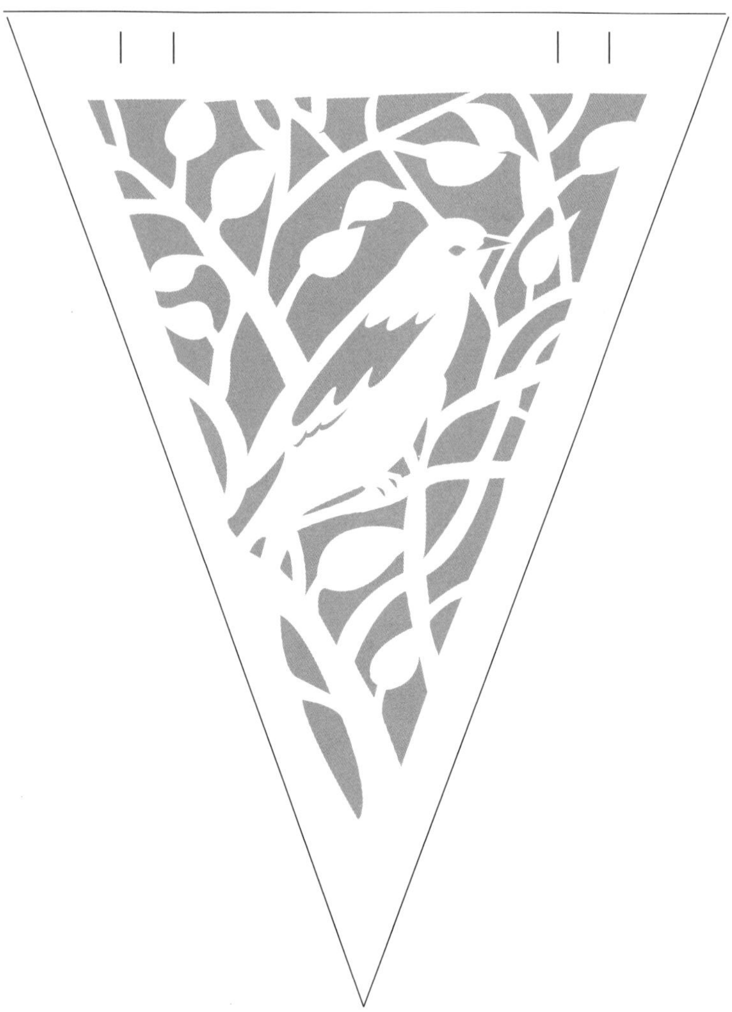

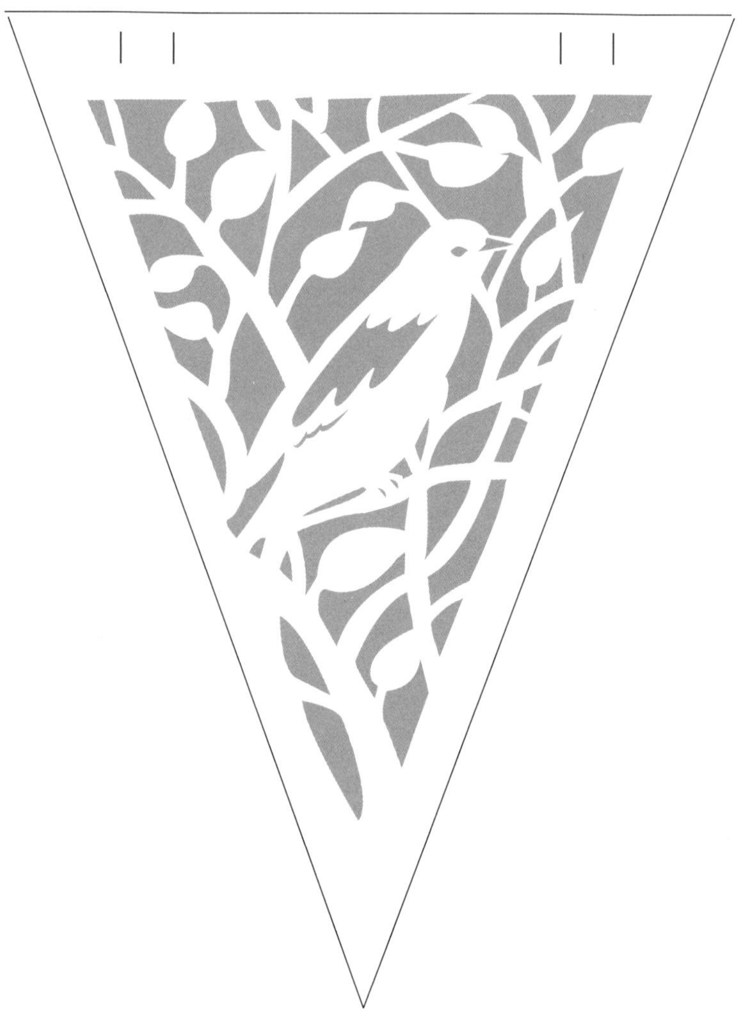

Fuchsmaske

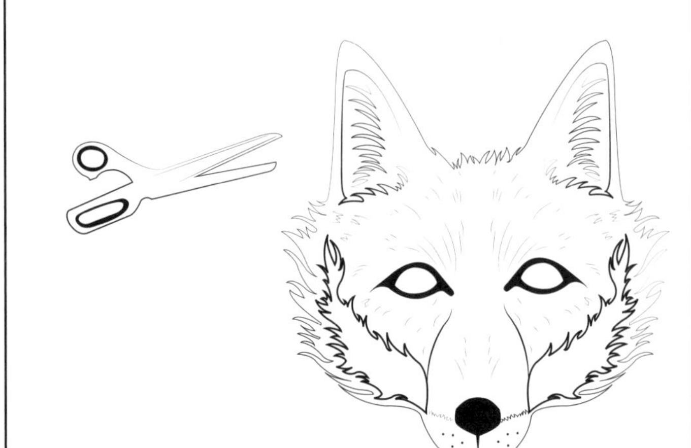

Venezianische Maske

Banditenmaske

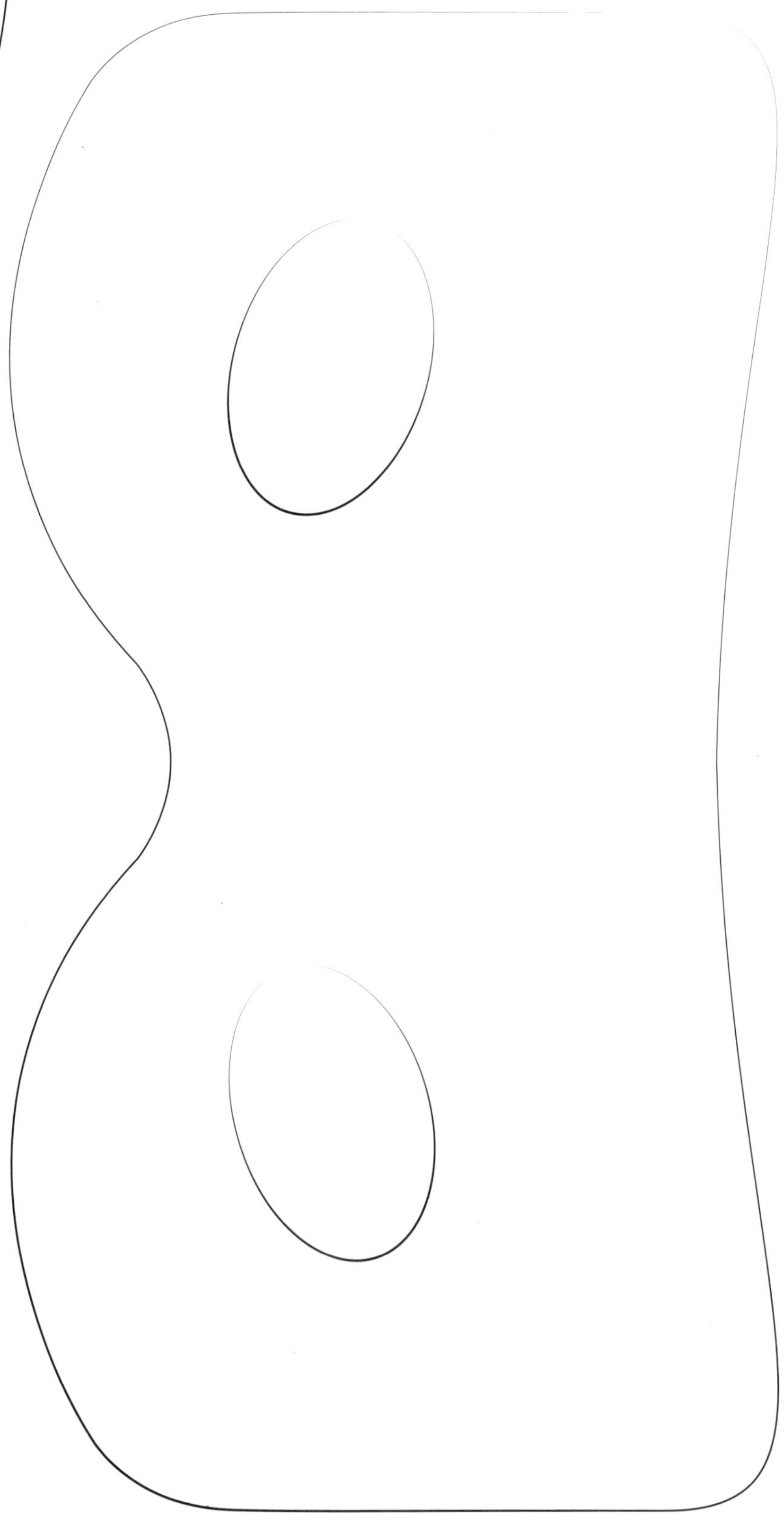

Katzenmaske

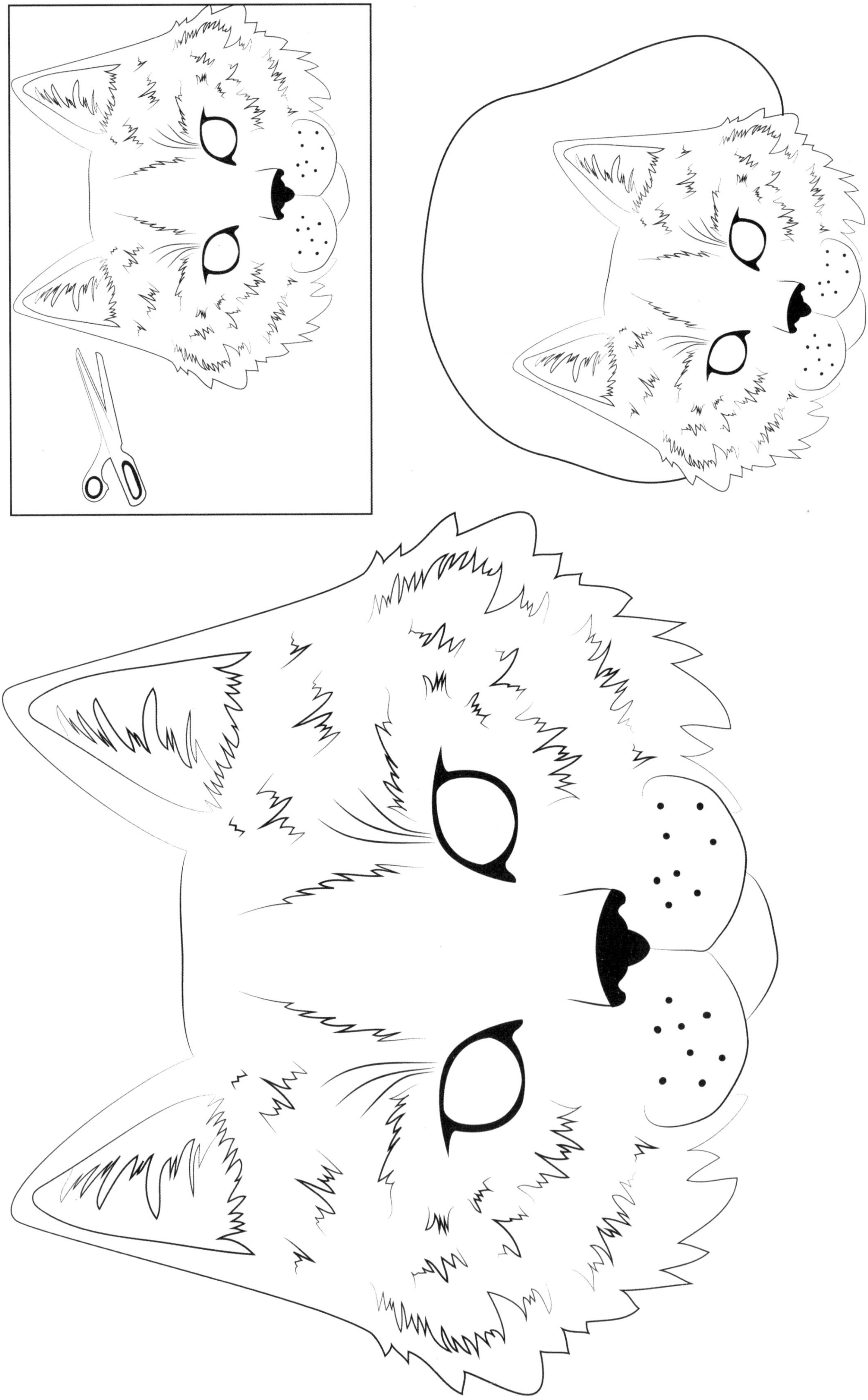

BLÄTTERKRONE

KRONE

1. Ausmalen und ausschneiden.

2. Den Kreis mit Klebstoff oder Klebeband zusammenkleben oder zusammenheften.

DIADEM

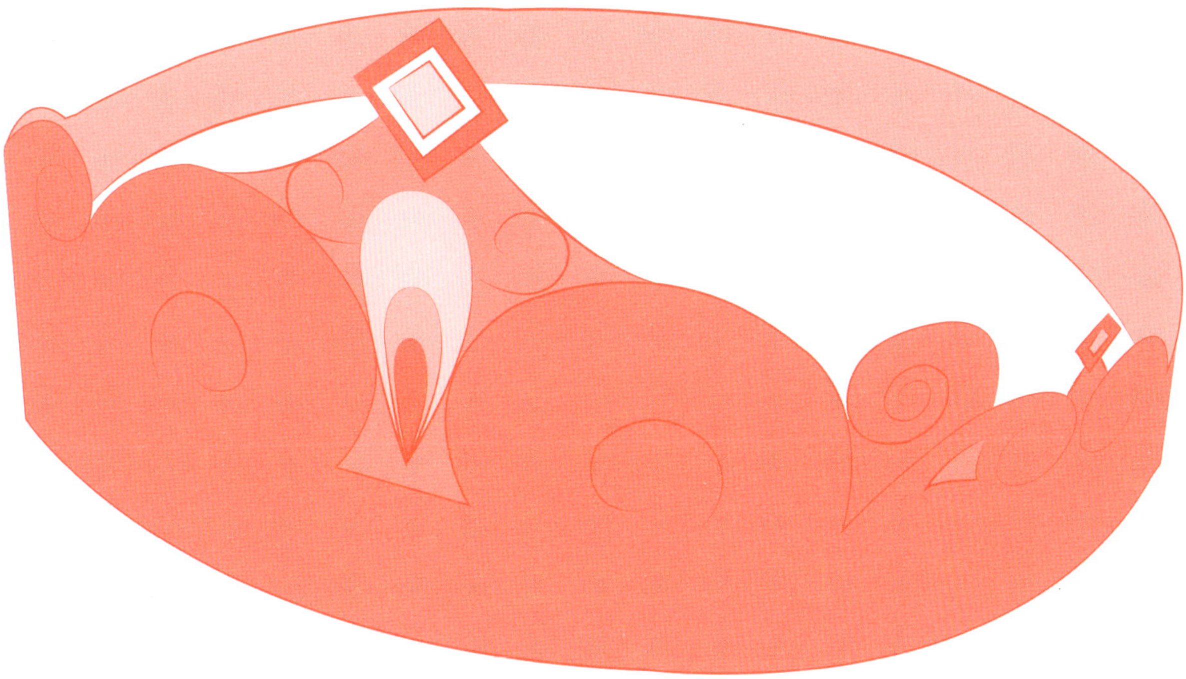

1. Ausmalen und ausschneiden.

2. Den Reif mit Klebstoff oder Klebeband zusammenkleben oder zusammenheften.

Blütenkrone

MOUSTACHES

Die Vorlagen auf der vorigen Seite
ausschneiden und mit doppelseitigem
Klebeband im Gesicht befestigen.

Hexenkrallen

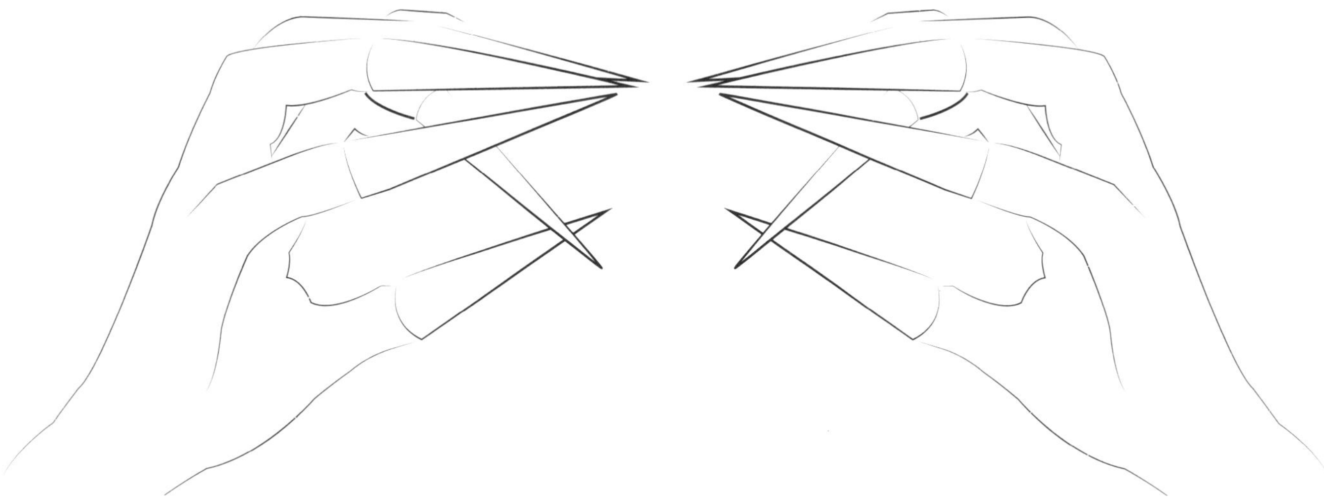

1. Das DIN-A4-Blatt in ein Quadrat verwandeln. Dazu die obere Ecke an den gegenüberliegenden Rand falten. Das Rechteck unter dem gefalteten Dreieck abschneiden. (Für kleinere Krallen einfach ein kleineres Quadrat bilden.)

2. An der Diagonale zu einem Dreieck falten.

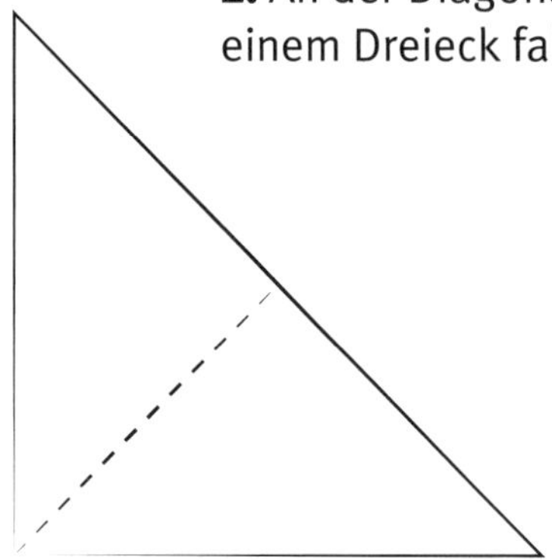

3. Erneut an der Diagonale zu einem Dreieck falten.

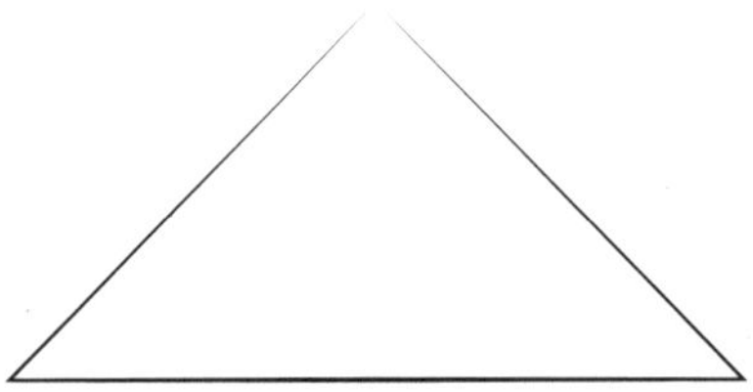

4. Die Spitze des Dreiecks an die längste Kante falten.

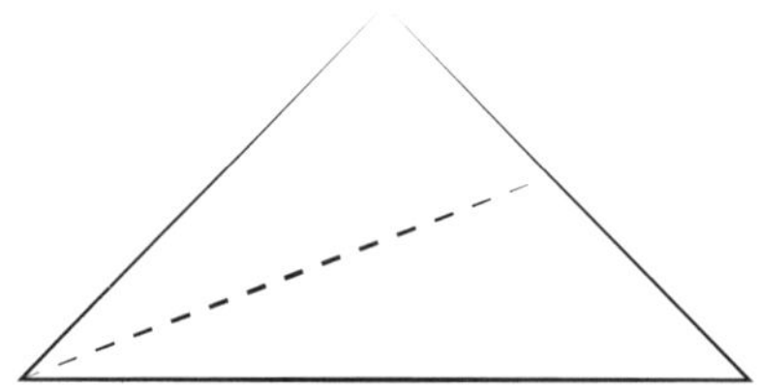

5. Die rechte Spitze wie abgebildet umfalten, falzen und entfalten.

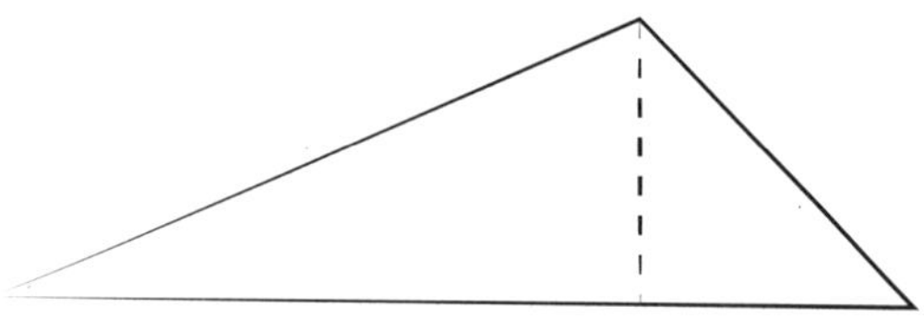

6. Die rechte Spitze in die Tasche einschieben.

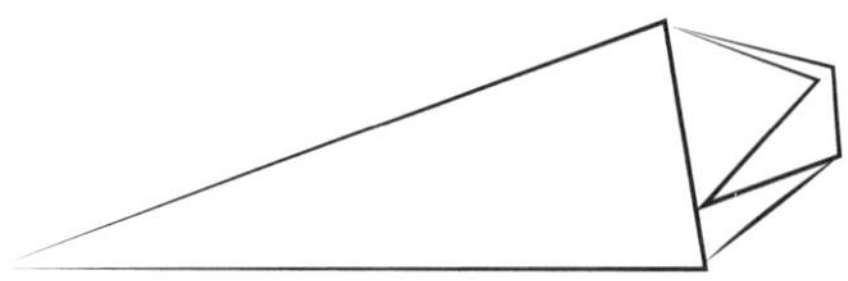

7. Das Blatt zu einem Kegel öffnen und auf den Finger stecken.

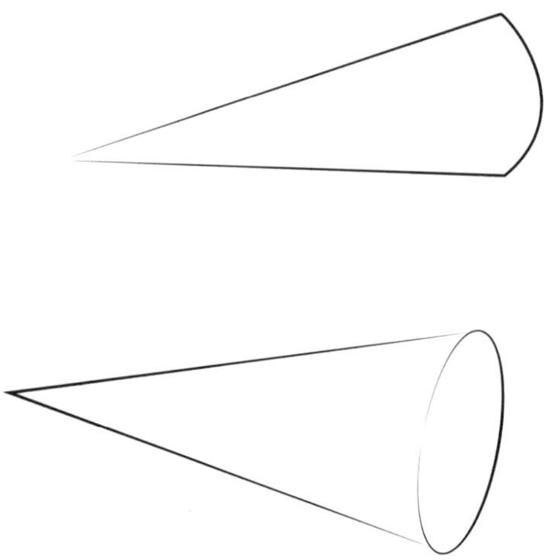

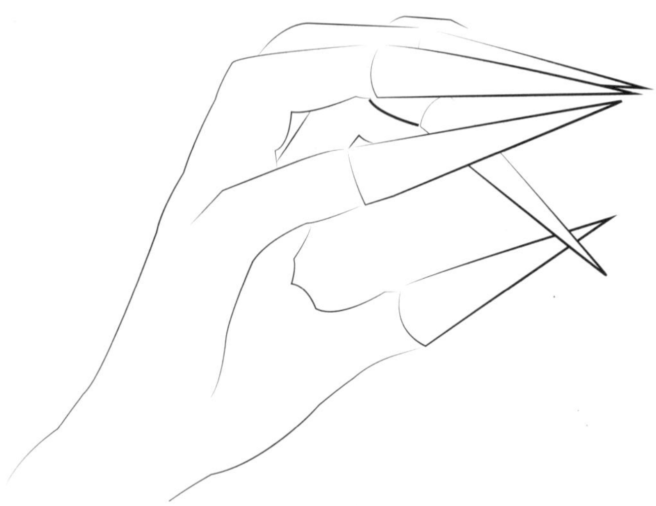

BÄRTE

Die Vorlagen auf der vorigen Seiten ausschneiden und nach Wunsch anmalen. Dann mit doppelseitigem Klebeband im Gesicht befestigen.

Krawatte

Für all die unerwarteten Termine.

FLIEGEN

1. Die Vorlagen ausmalen und ausschneiden.

2. Wenden, eine der Hälften nach hinten falten und in der Mitte festkleben. Mit der anderen wiederholen.

3. Das Mittelteil umschlagen und auf der Rückseite festkleben.

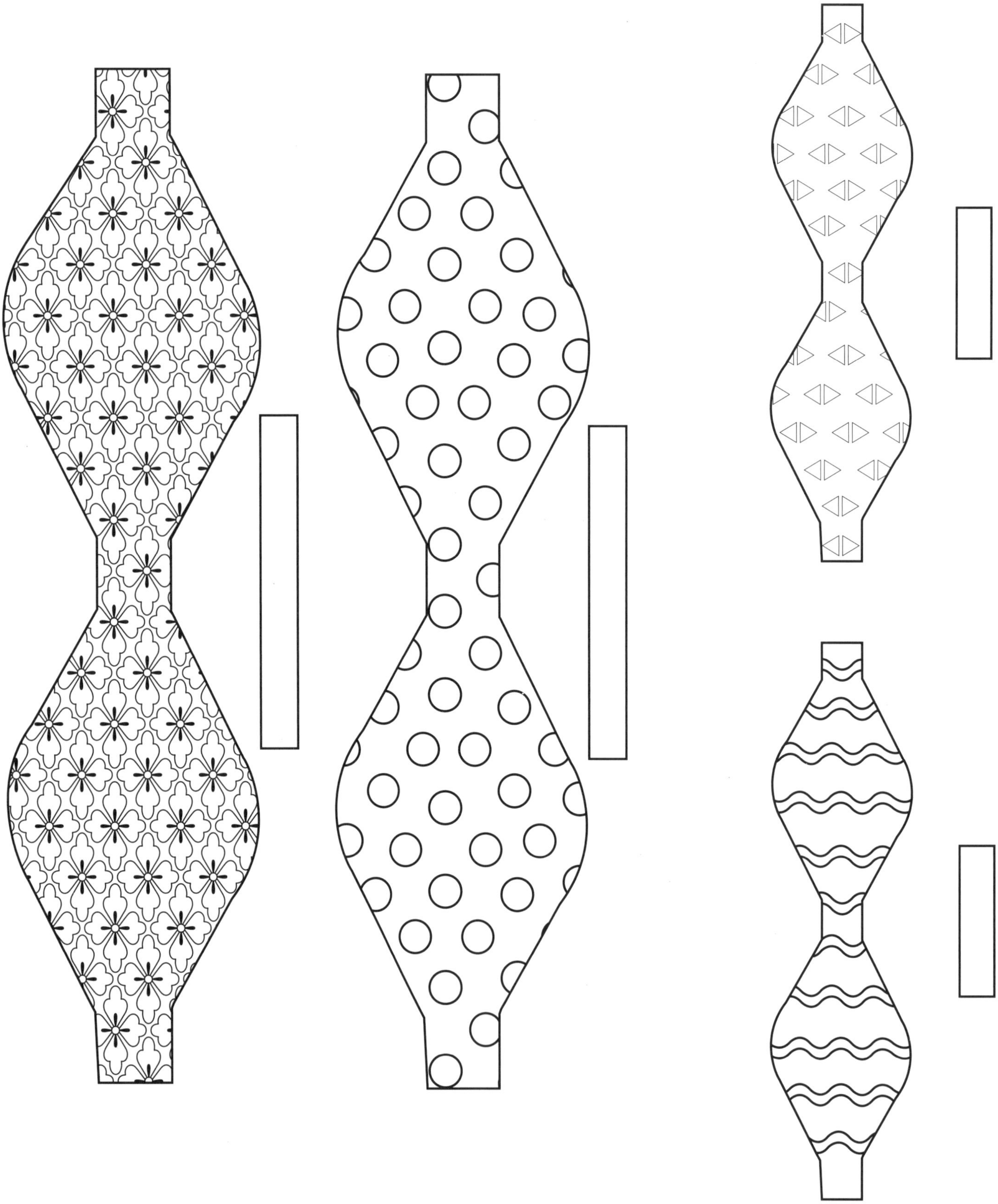

Brille

PARTY HUT

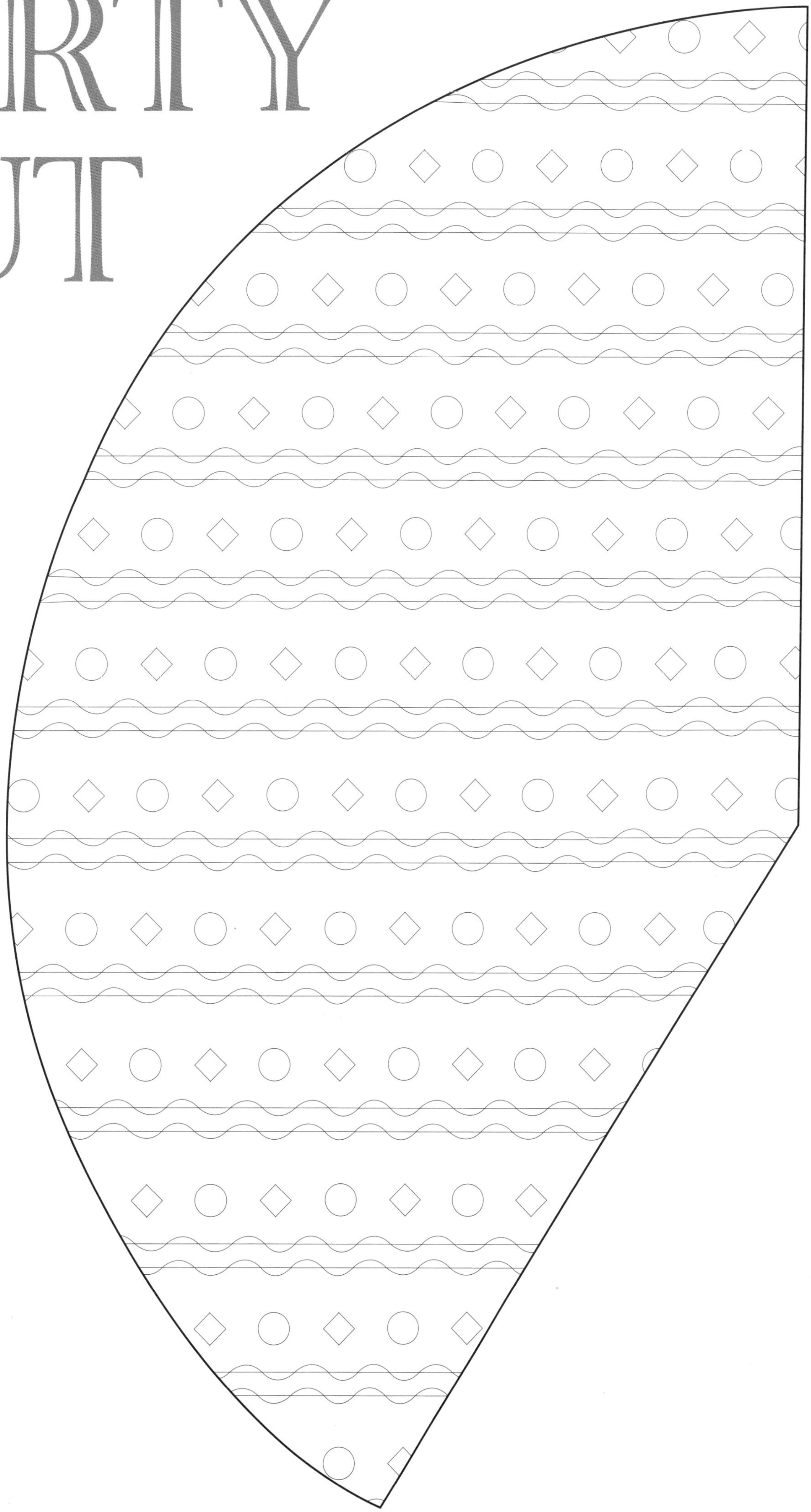

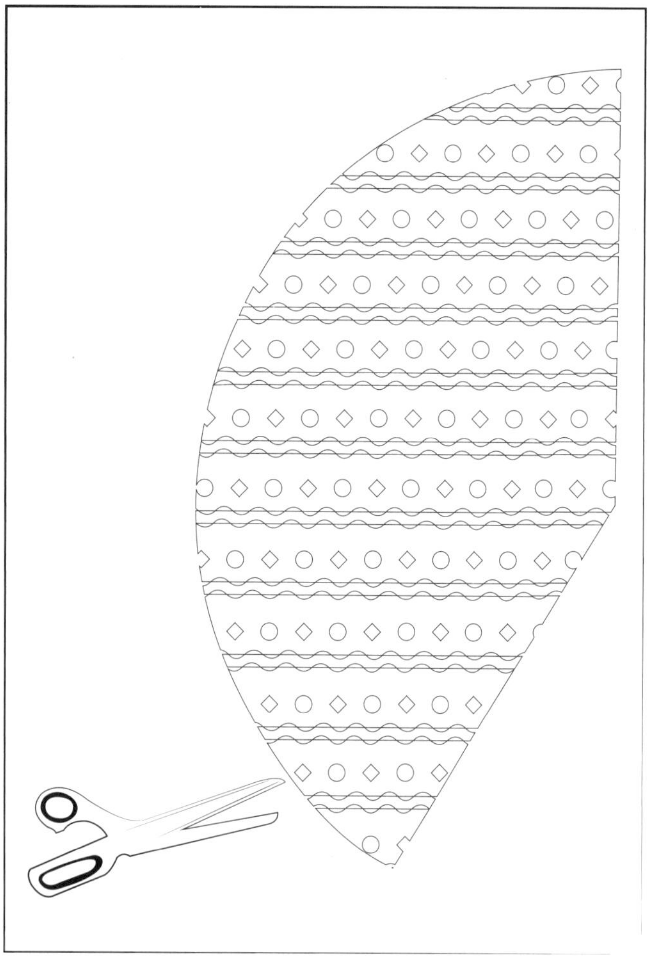

1. Die Vorlage ausschneiden. Die beiden geraden Kanten des Halbkreises zu einem Hut zusammenfügen (je mehr die Kanten überlappen, desto kleiner wird der Hut). Mit Klebeband zusammenkleben oder -heften.

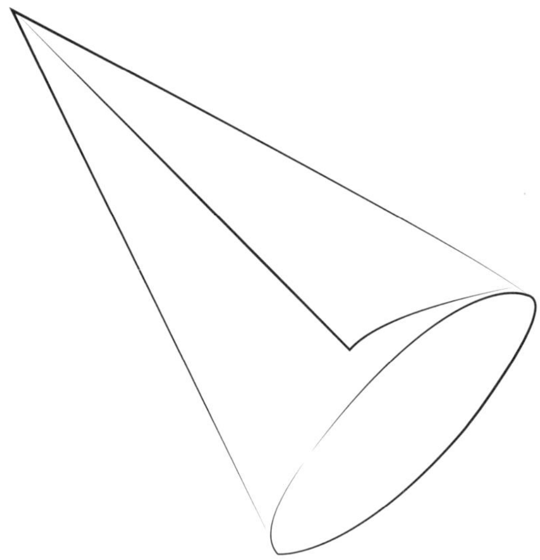

2. Ein großes Küchengummi zerschneiden und Knoten an beiden Enden anbringen.

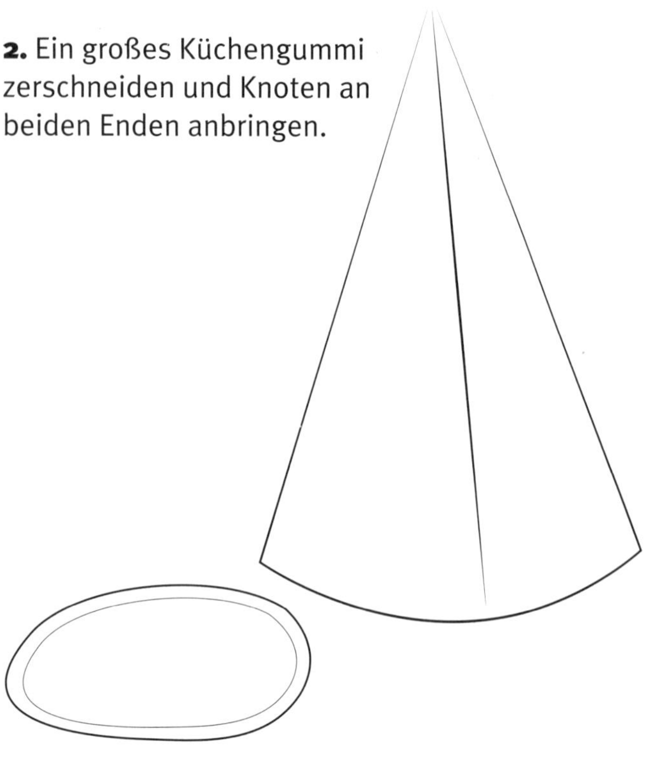

3. Das Gummiband innen an den Hut heften.

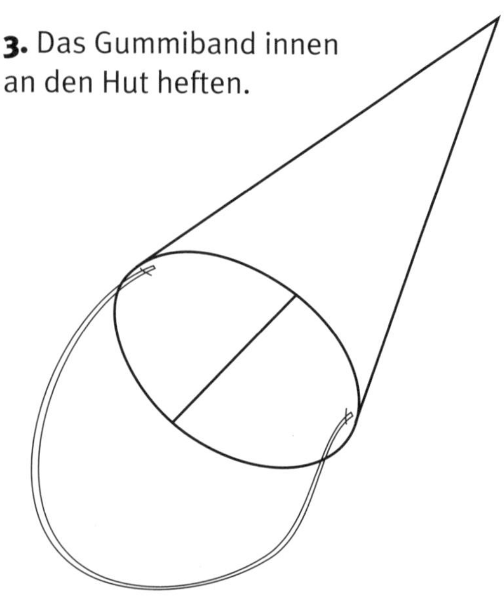

Narrenkappe

1. Schneiden Sie für die Basis der Kappe zwei Streifen und verbinden Sie sie mit Klebstoff zu einem Stirnband.

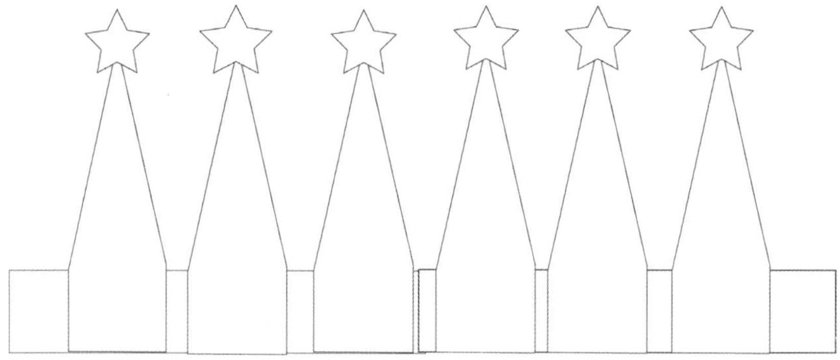

4. Die Dreiecke mit Klebstoff anbringen (möglicherweise müssen Sie die Breite des Stirnbands noch an die Größe Ihres Kopfes anpassen).

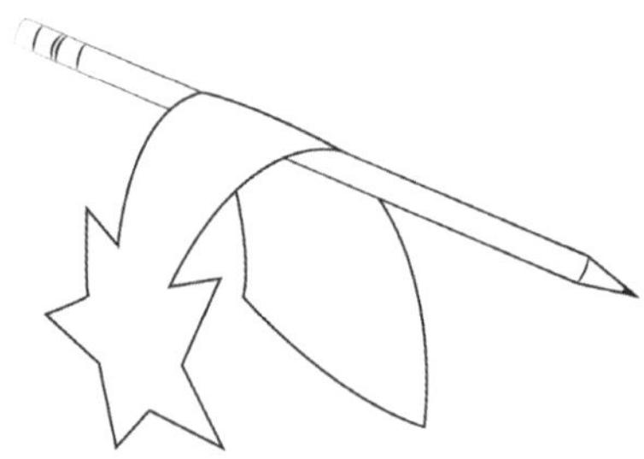

5. Damit die Dreiecke sich nach außen biegen, diese vorsichtig um einen Stift wickeln und dann loslassen.

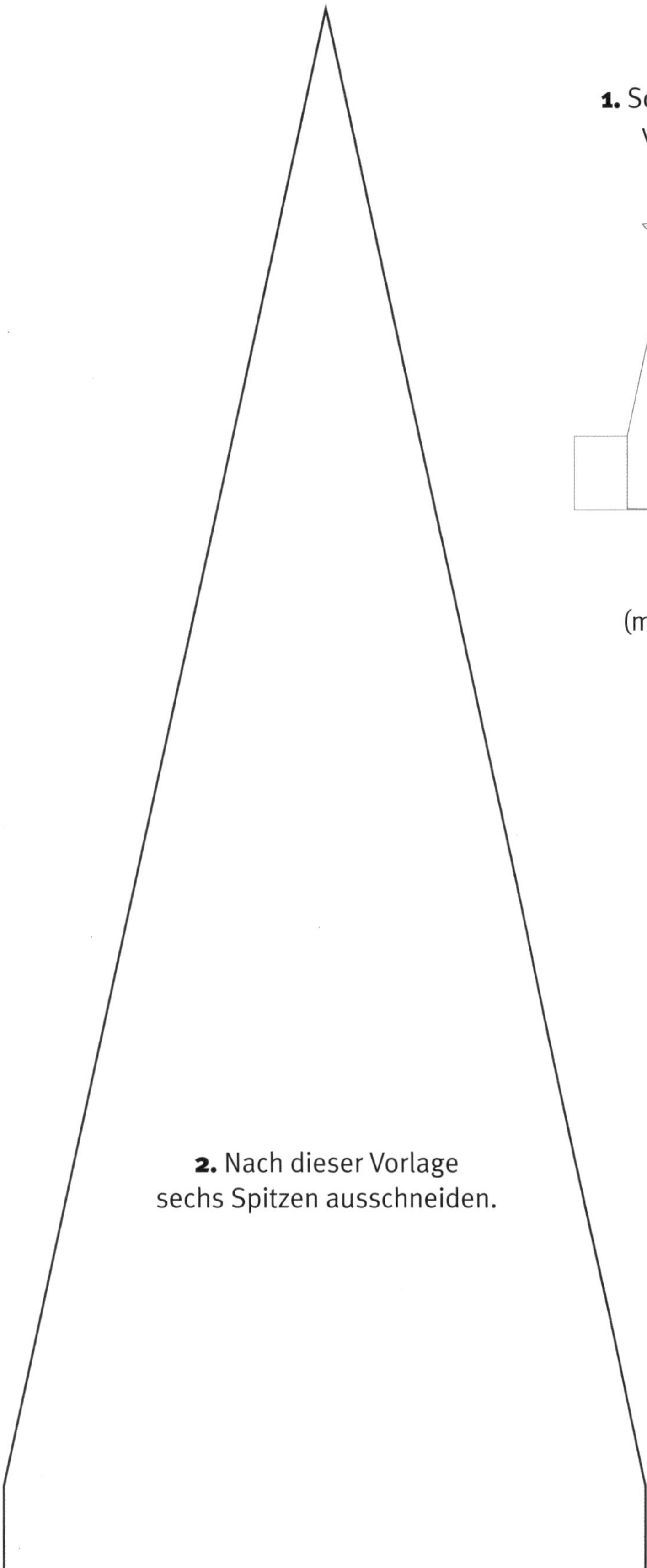

2. Nach dieser Vorlage sechs Spitzen ausschneiden.

3. Sechs Sterne nach dieser Vorlage ausschneiden und die Sterne an die Spitzen der Dreiecke kleben.

Sonnenschild

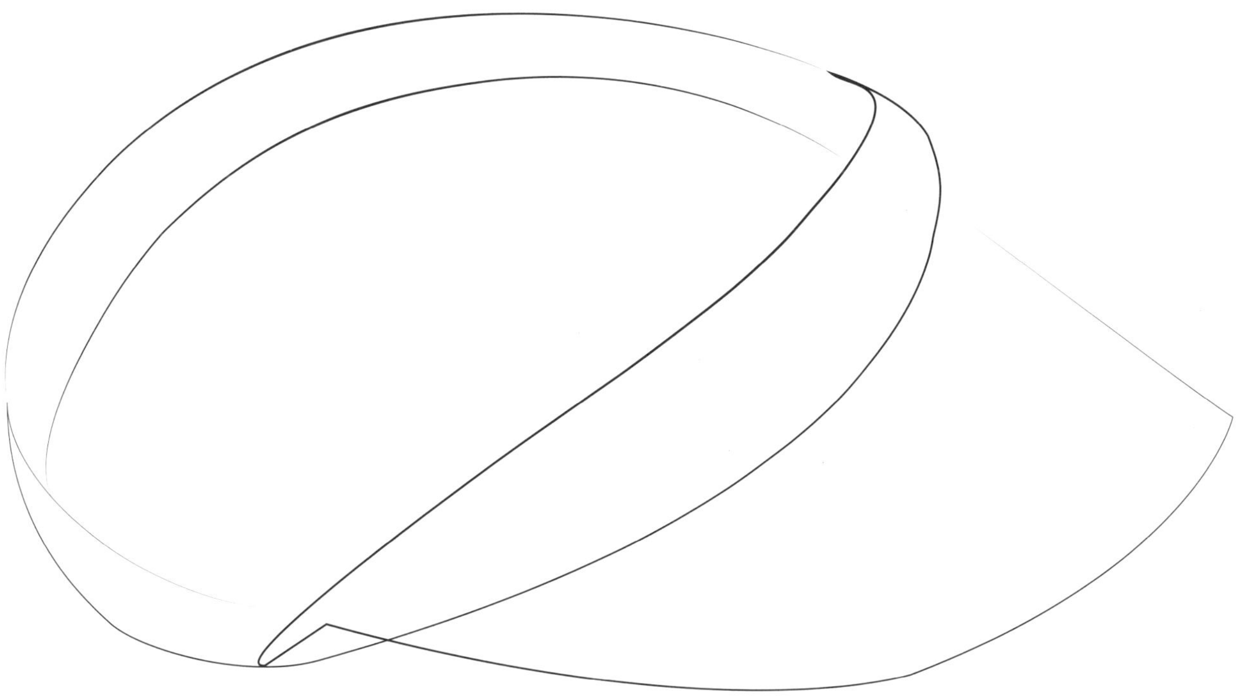

1. Die Vorlage auf der nächsten Seite ausschneiden und den Schirm verzieren.

2. Vorsichtig an den gestrichelten Linien einkerben –
an der gebogenen gestrichelten Linie einen Stift zu Hilfe nehmen.

3. Den Schirm an der geraden gestrichelten Linie nach oben und dann an
der gebogenen gestrichelten Linie nach unten falten. Dadurch nimmt das Papier
die gebogene Form eines Mützenschirms an. Mit Klebstoff fixieren.

4. Papierstreifen für ein Stirnband abschneiden und mit Klebstoff an
dem Mützenschirm befestigen.

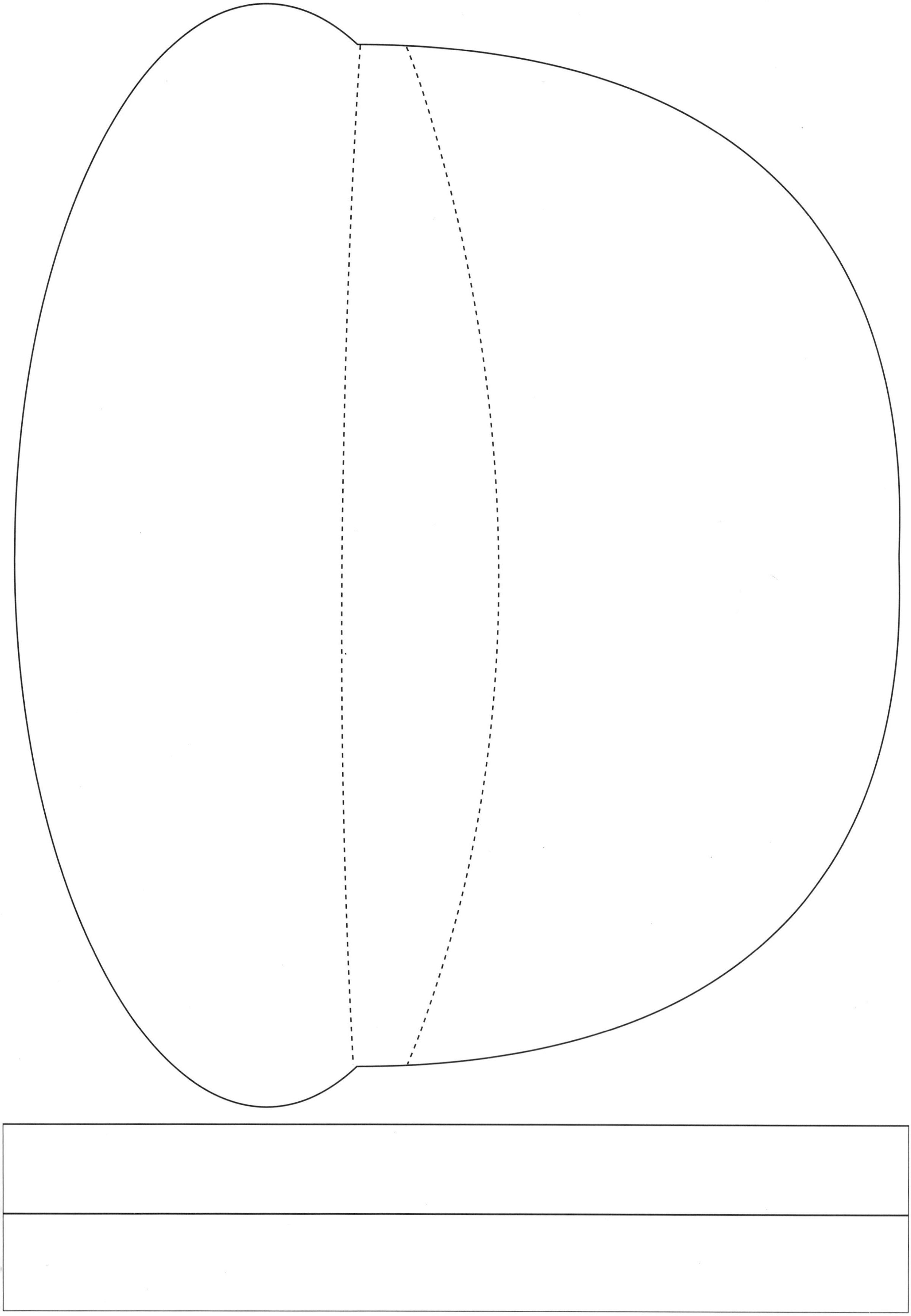

Rentier-Stirnband

Ägyptischer Kragen

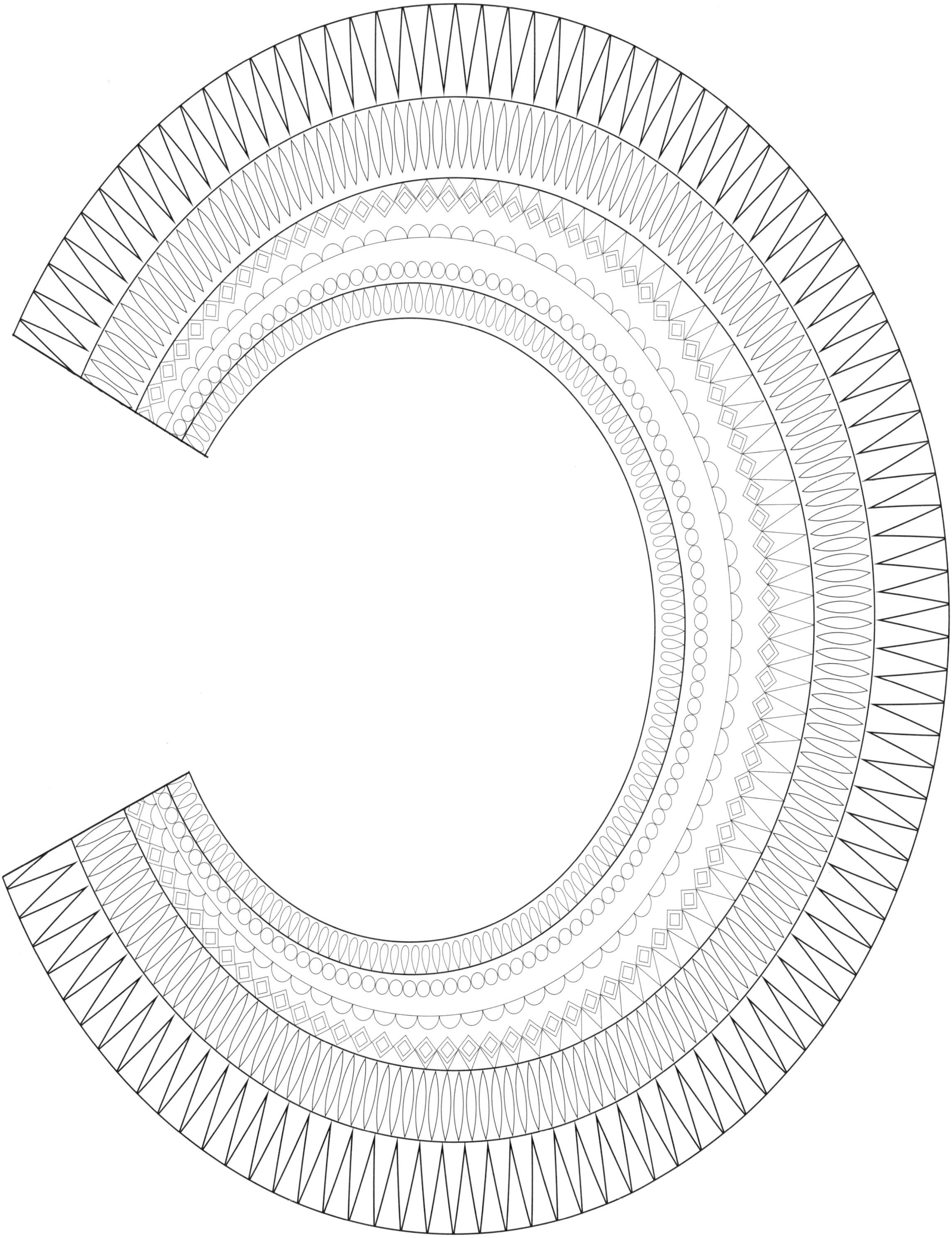

Die Vorlage auf der vorigen Seite ausmalen und dann ausschneiden.

Ansteckrose

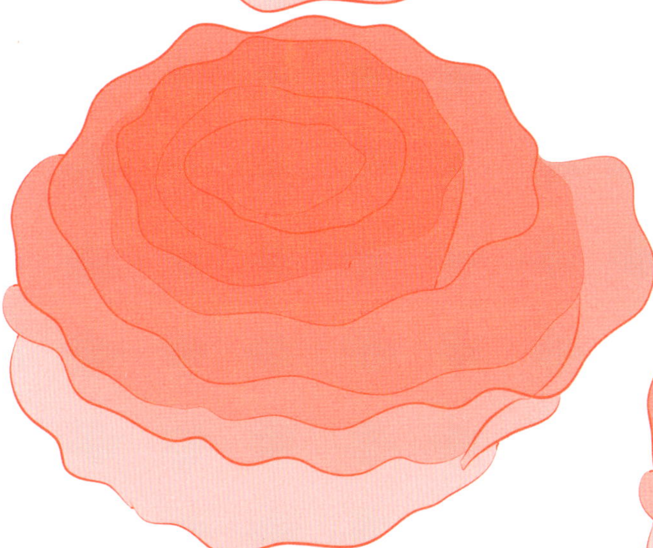

1. Die Vorlage ausschneiden.

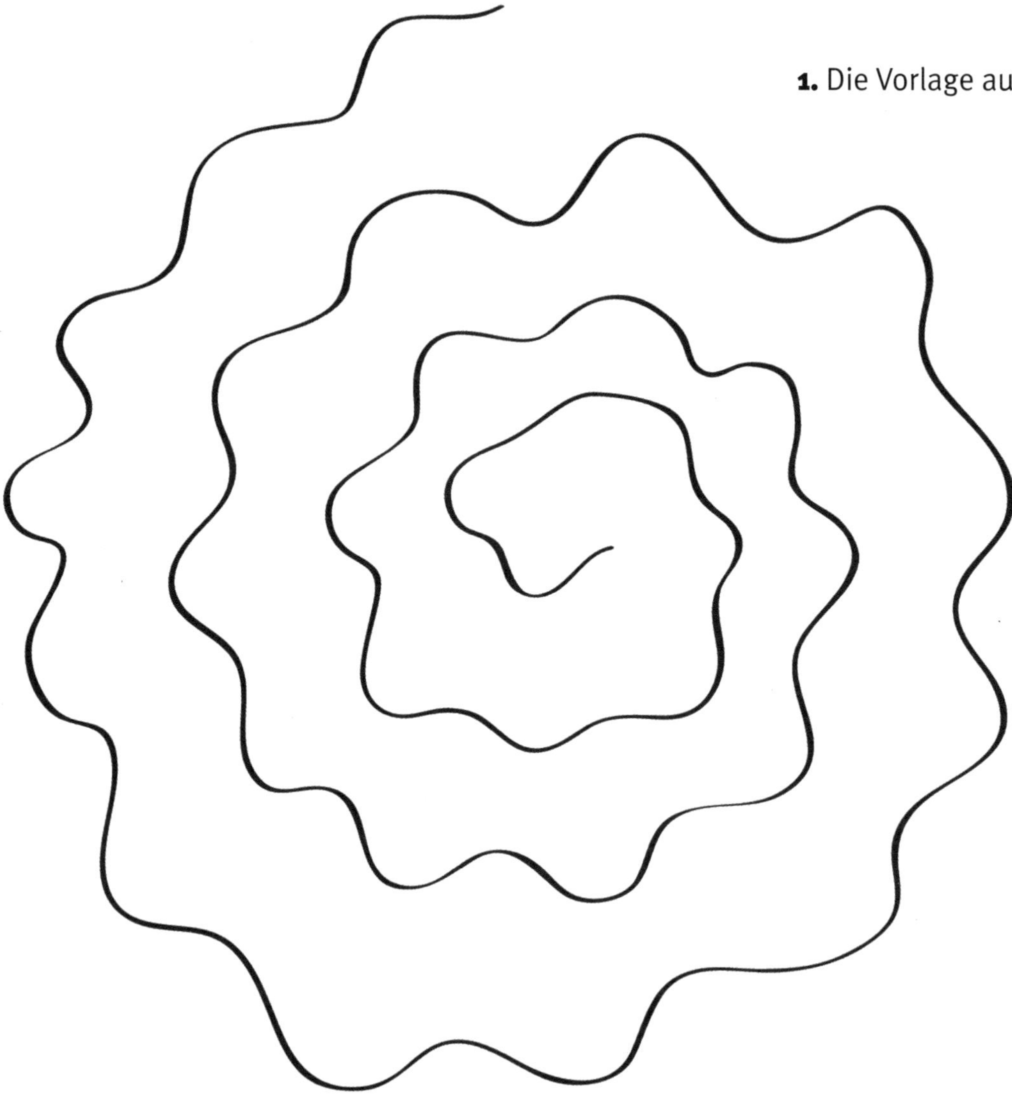

2. Das Papier vorsichtig vom Ende zur Mitte hin aufrollen.

3. Die Mitte mit Klebstoff fixieren. Wenn Sie die zusammengerollte Blüte loslassen, entrollt sie sich etwas und die Blüte wirkt lockerer.

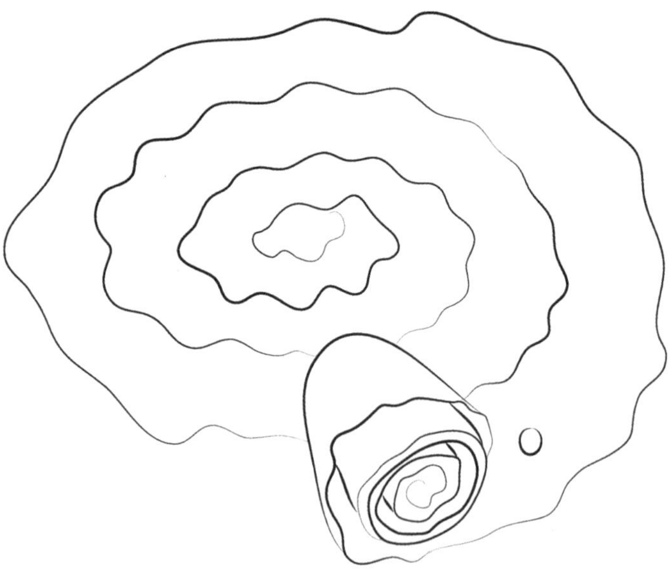

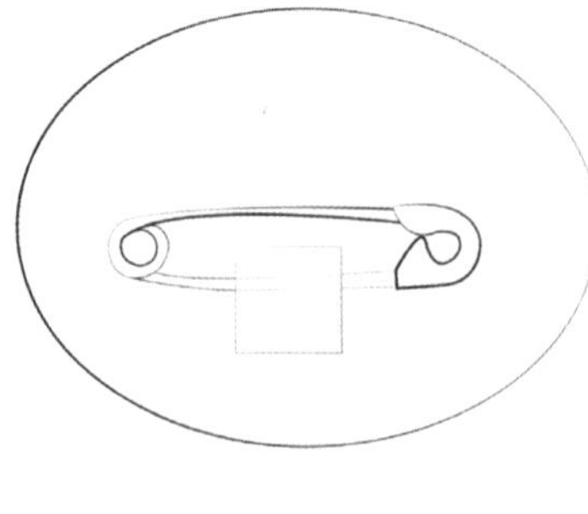

4. Sie möchten, dass die Blüte ein wenig natürlicher wirkt? Biegen Sie die Blütenblätter vorsichtig nach außen um.

5. Um sie als Asteckblume zu tragen, schneiden Sie einen Kreis aus, der etwas kleiner als die Blüte ist. Daran befestigen Sie auf der einen Seite eine Sicherheitsnadel und auf der anderen Seite die Blüte.

Papierperlen

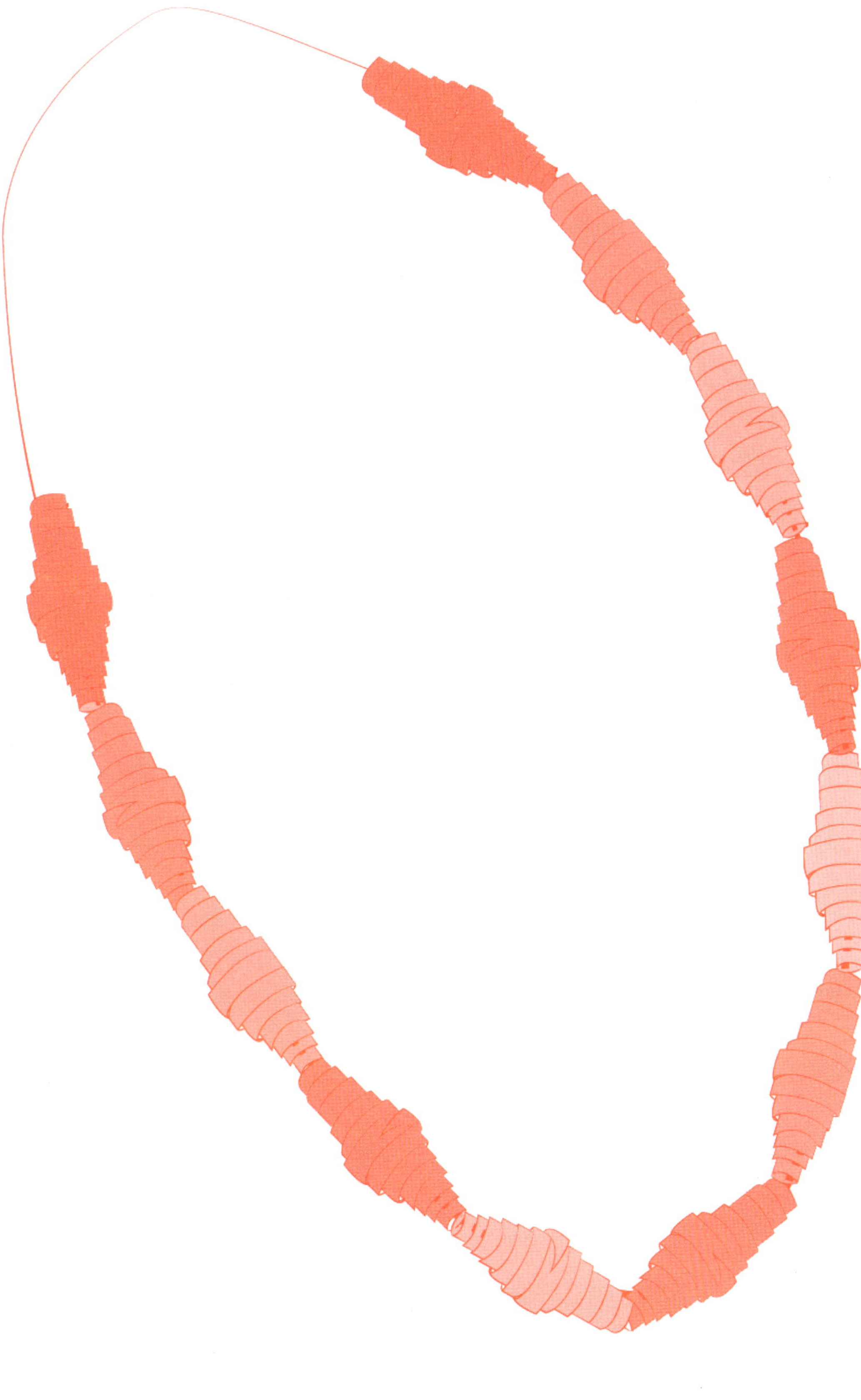

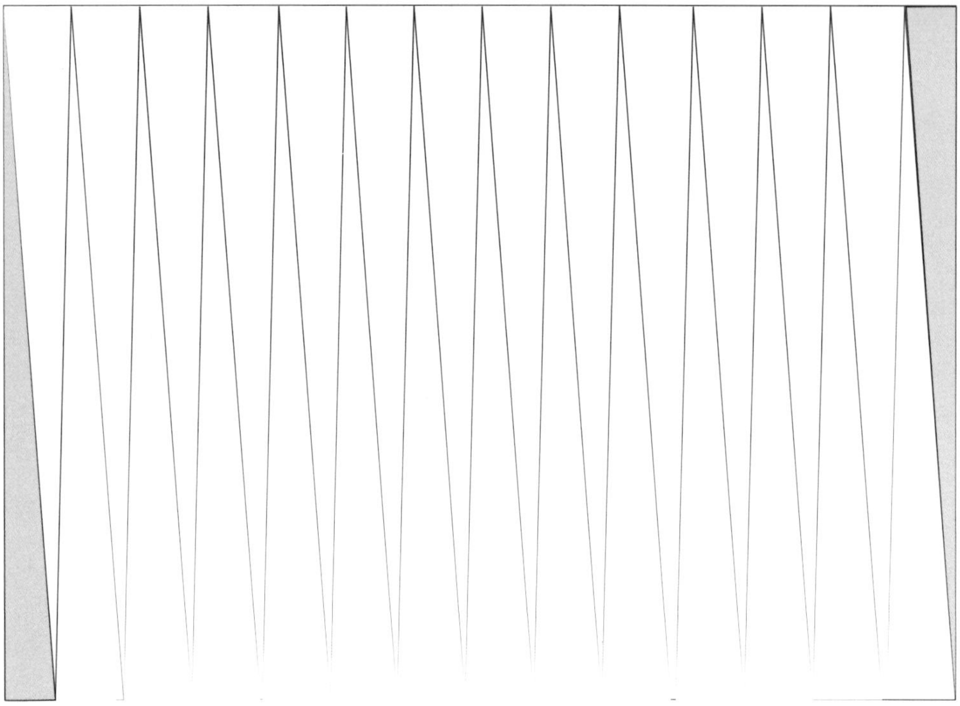

1. Nehmen Sie Ihr Blatt Papier und messen Sie 1,5 cm vom oberen Rand aus ab. Ziehen Sie dann alle 3 cm einen Strich. Machen Sie dasselbe von unten, nur von der anderen Seite ausgehend. Verbinden Sie diese Markierungen, sodass eine Reihe langer dünner Dreiecke entsteht.

2. Die Dreiecke ausschneiden, die beiden unvollständigen Streifen an den Enden verwerfen.

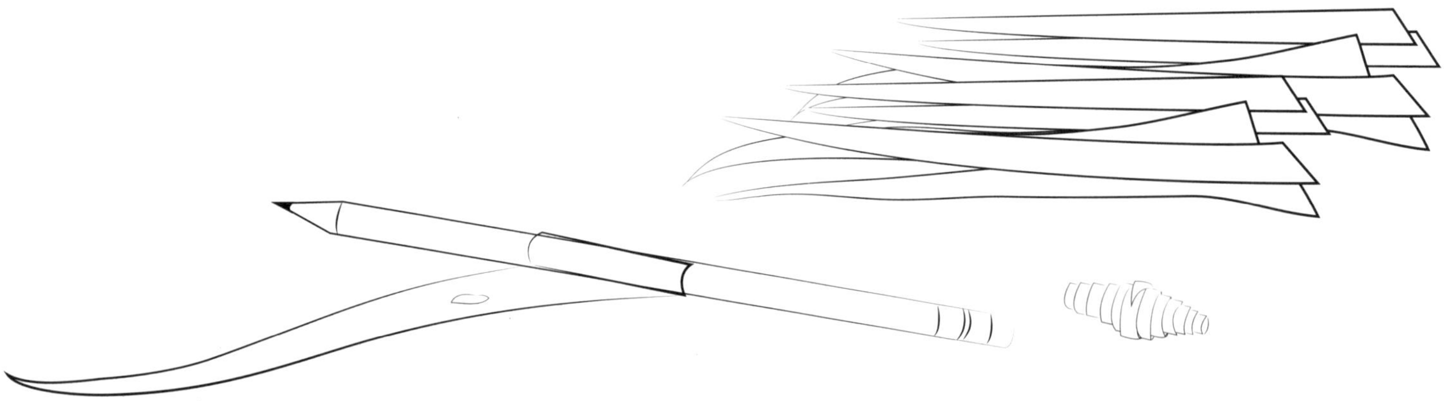

3. Eines der Dreiecke vom breiten Ende aus fest um einen Bleistift rollen. Nach etwa einem Zentimeter ein wenig Klebstoff aufbringen und dann weiter aufrollen. In regelmäßigen Abständen immer wieder Klebstoff auftragen, bis nur noch 3 cm übrig sind. Auf diesen letzten 3 cm jetzt eine dünne Lage Klebstoff auftragen und dann zu Ende aufrollen. Die „Perle“ vom Bleistift schieben und zur Seite legen, damit sie trocknen kann, während Sie die anderen Perlen rollen.

POP-UP-KARTE

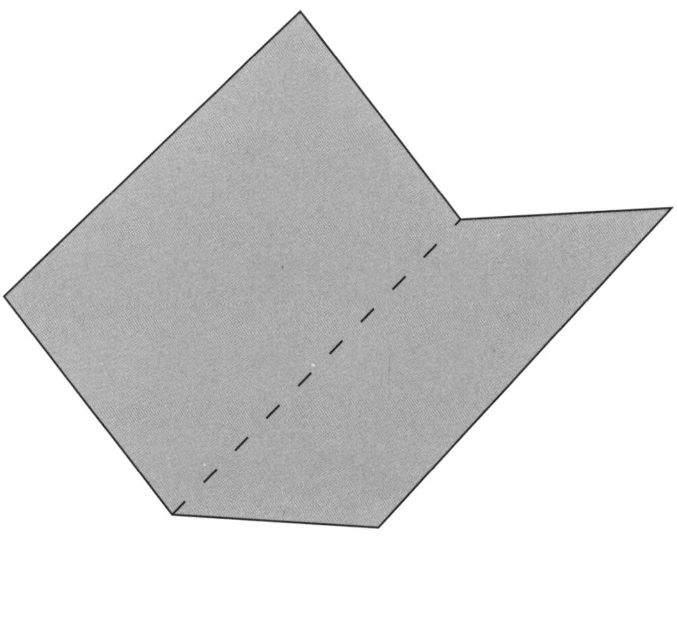
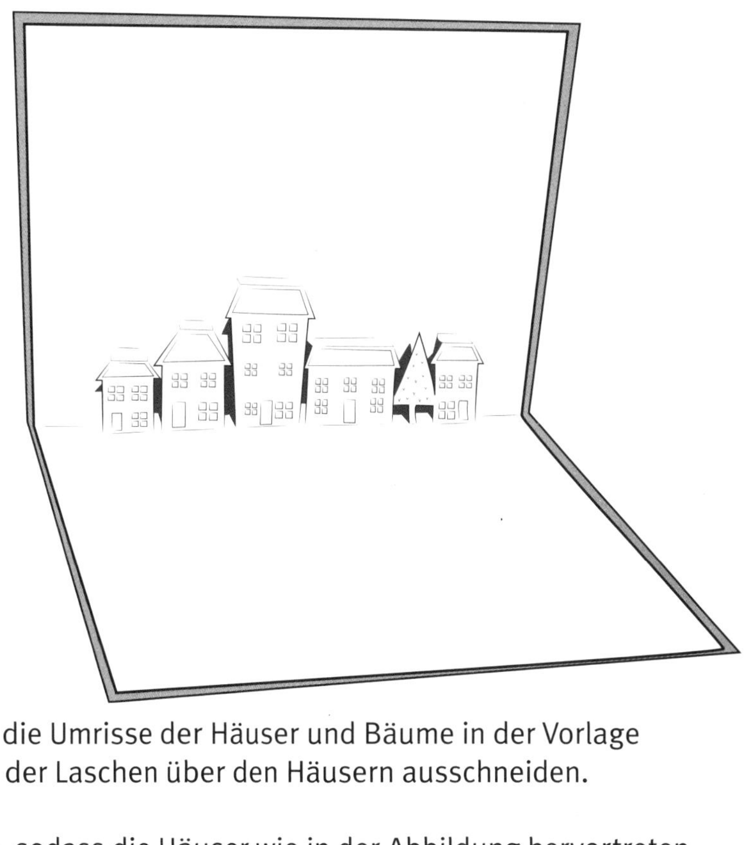

1. Mit einem Cutter die durchgezogenen Linien, die die Umrisse der Häuser und Bäume in der Vorlage auf der nächsten Seite bilden, sowie die Seiten der Laschen über den Häusern ausschneiden.

2. Nun vorsichtig entlang der gestrichelten Linien falten, sodass die Häuser wie in der Abbildung hervortreten.

3. In ein zweites DIN-A4-Blatt einlegen.

Scherenschnitt-Valentinskarte

1. Die grau hinterlegten Abschnitte auf der nächsten Seite mit einem Cutter ausschneiden.

2. Die gestrichelte Linie mit dem Falzbein einkerben.

3. Das Gleiche mit dem Einlegepapier wiederholen.

4. Klebstoff dünn außen auf die Faltkante des Einlegepapiers auftragen und dieses in der Karte festkleben.

Geflochtenes Herz

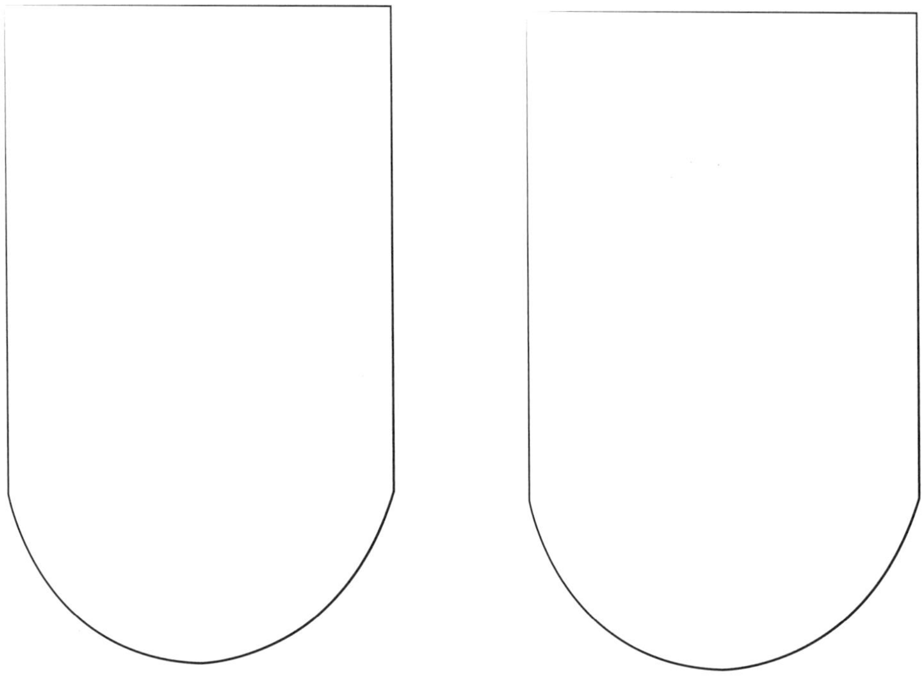

1. Die beiden Vorlagen ausschneiden.

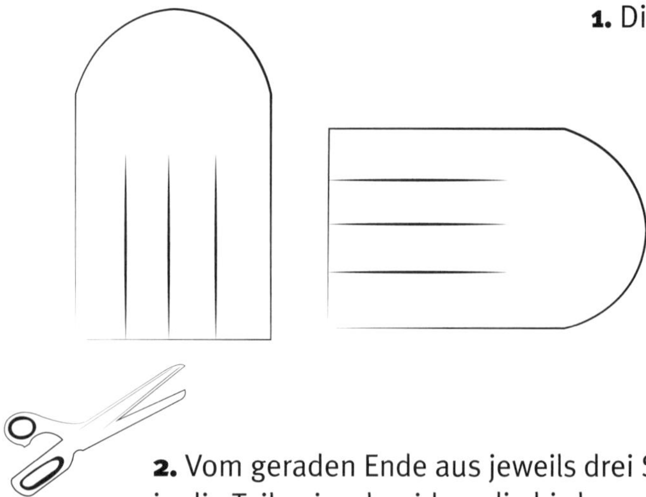

2. Vom geraden Ende aus jeweils drei Schnitte in die Teile einschneiden, die bis kurz vor der Wölbung des Papiers reichen.

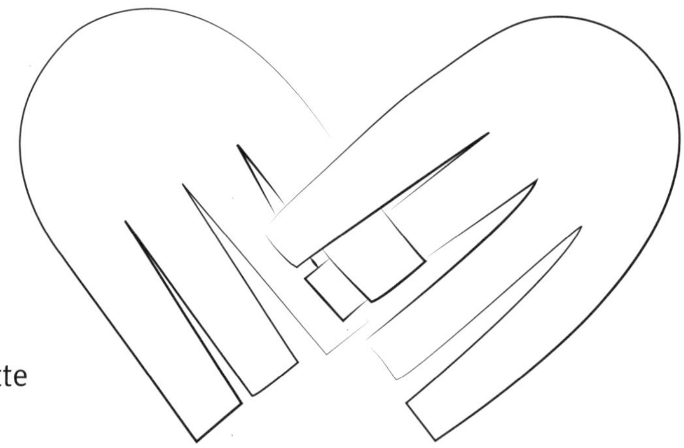

3. Einen Streifen eines der beiden Teile in das andere weben, erst unten, dann oben, unten, oben. Den zweiten Streifen andersherum einflechten, also erst oben, dann unten, oben, unten. Das Ganze mit dem dritten und dem vierten Streifen wiederholen. Die losen Enden mit Klebstoff befestigen.

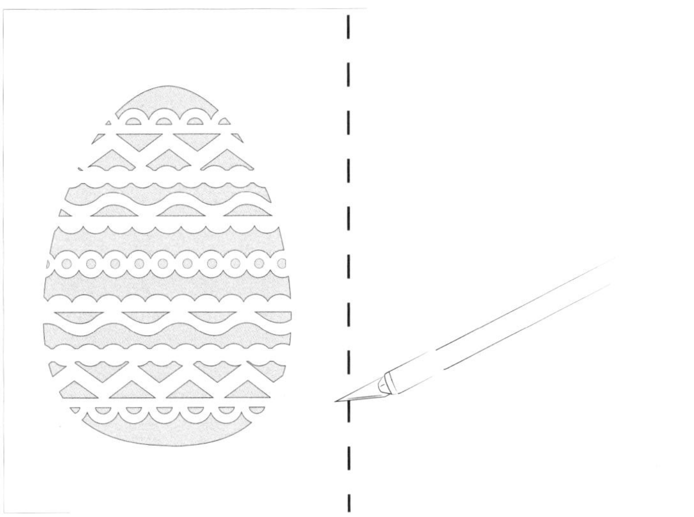

1. Den grau hinterlegten Bereich auf der nächsten Seite mit einem Cutter ausschneiden.

2. Die gestrichelte Linie mit der Rückseite des Cutters einkerben.

3. Das Gleiche mit dem Einlegepapier wiederholen.

4. Klebstoff dünn außen auf die Faltkante des Einlegepapiers auftragen und dieses in der Karte festkleben.

Scheren-schnitt-Osterkarte

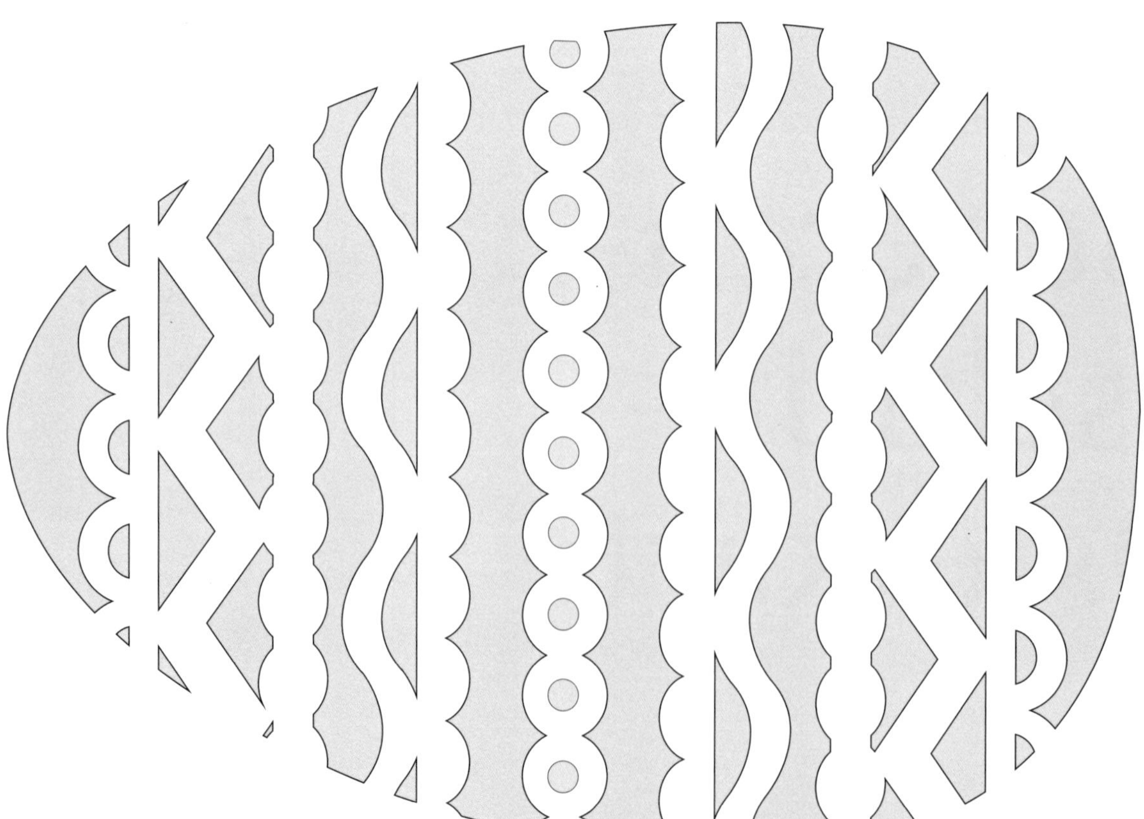

Geburtstagskarte für Kinder

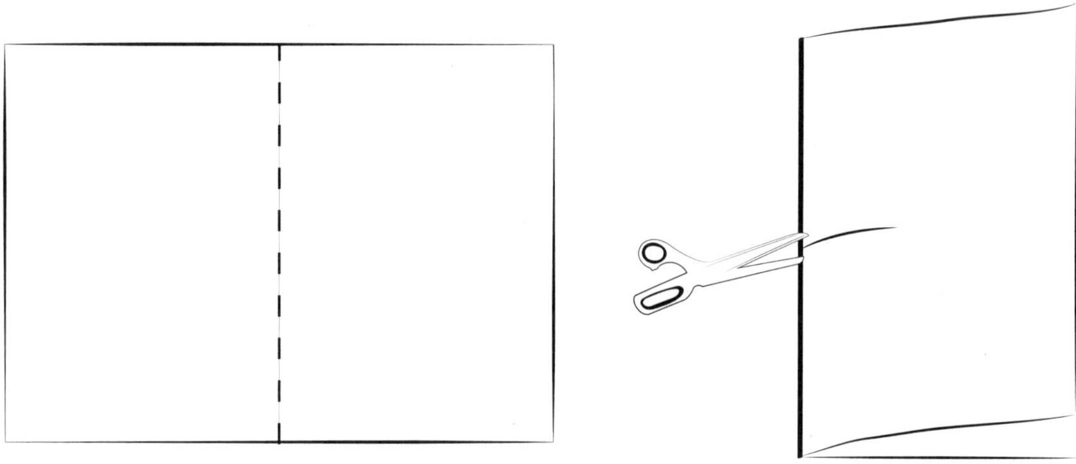

Entlang der durchgezogenen Linien schneiden und entlang der gestrichelten Linien falten. Den Frosch aufzeichnen. Quaaak!

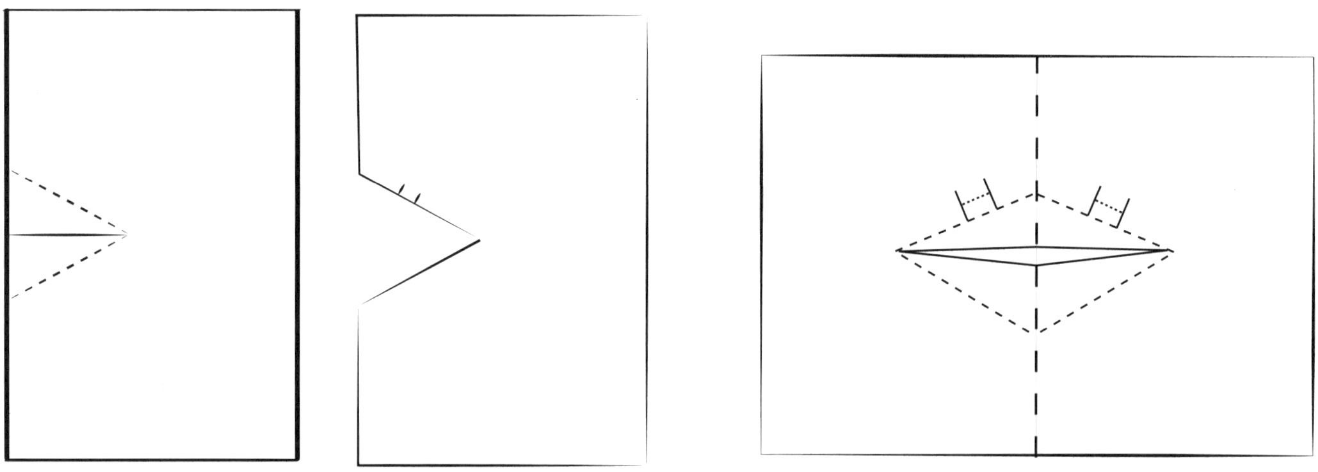

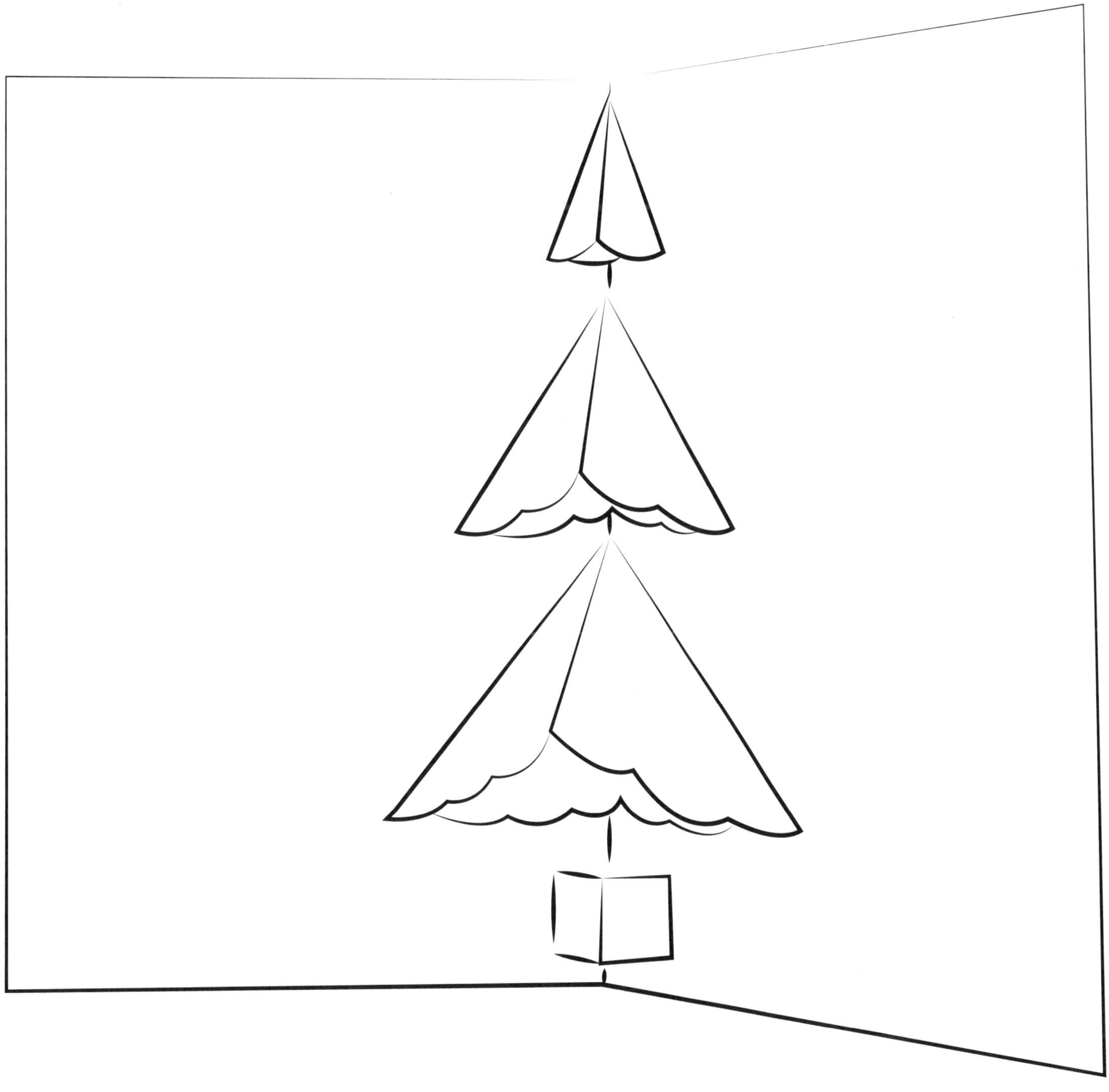

Weihnachtskarte

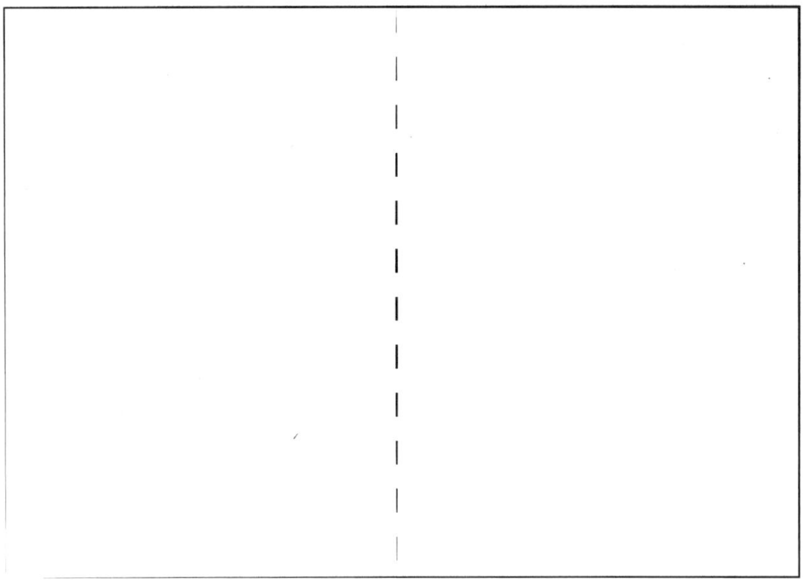

Entlang der durchgezogenen Linien schneiden und entlang der gestrichelten Linien falten.

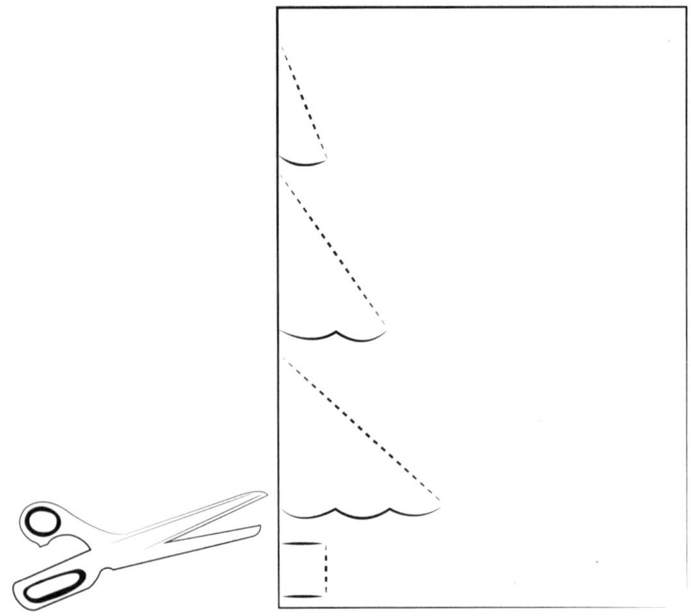

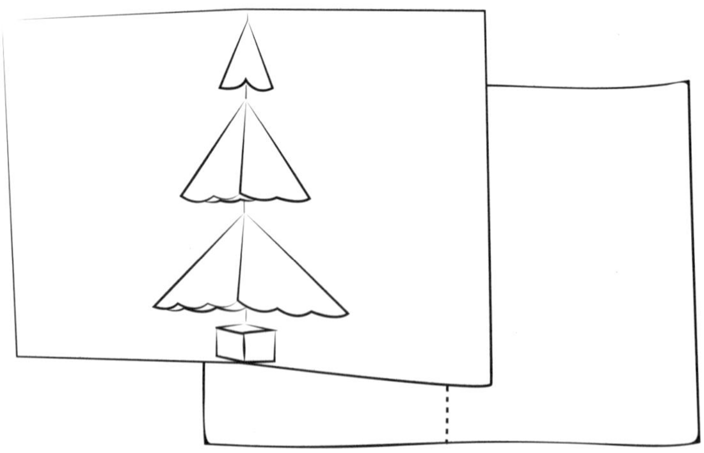

Weihnachtliche Geschenketiketten

1. Die Anhänger auf der nächsten Seite ausmalen.

2. Eine Nachricht eintragen.

3. Auf das Geschenk kleben.

Geschenktüte

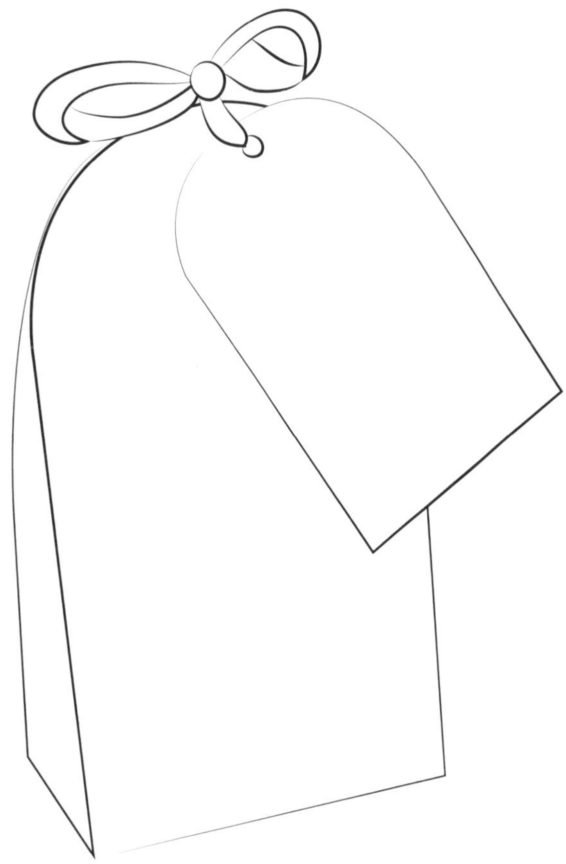

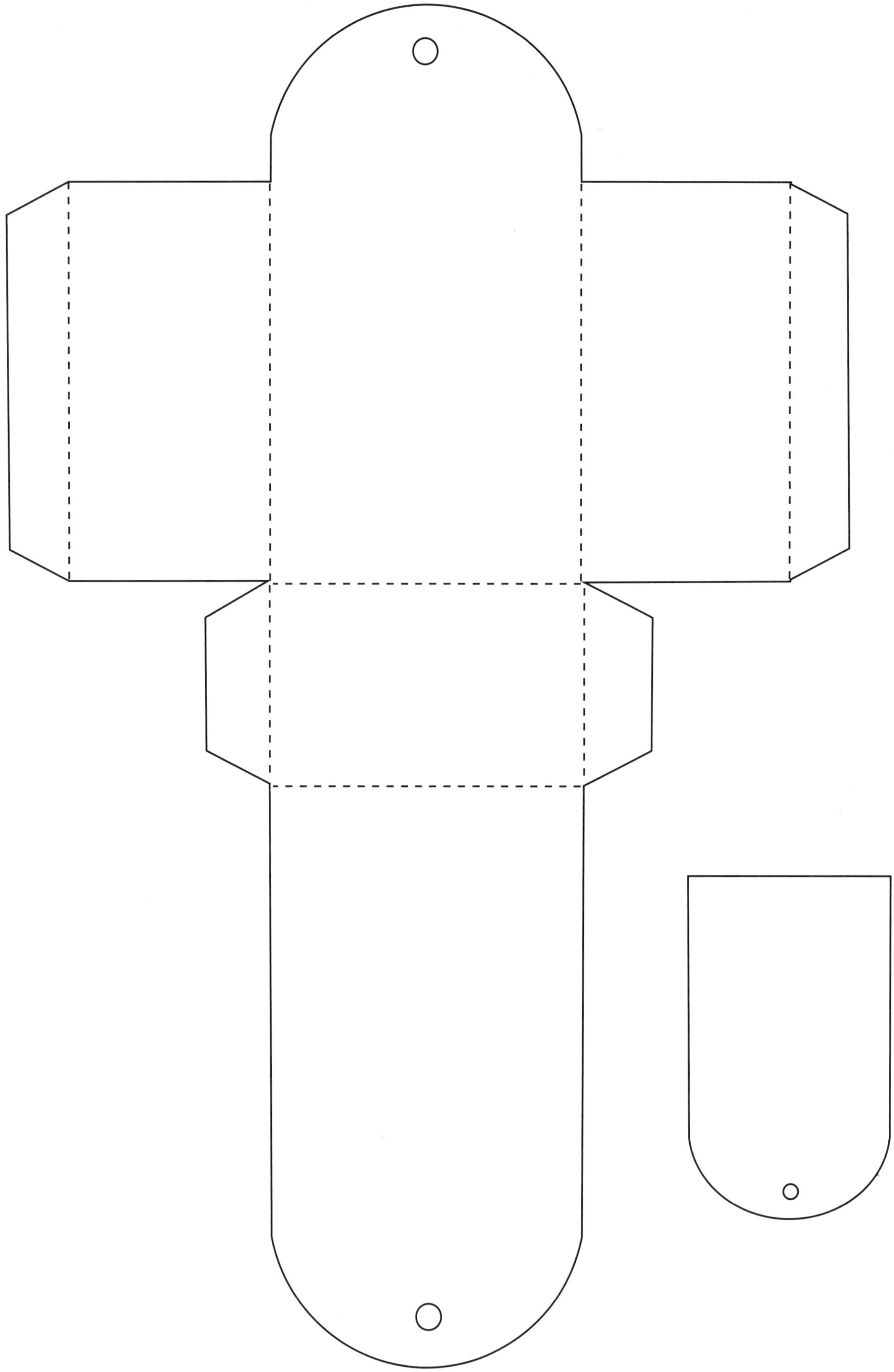

Verzierter Briefbogen

GELDUMSCHLAG

1. Das Muster ausmalen und dann ausschneiden.

2. An den inneren vier Linien entlang falten,
dann die obere und die linke (große) Lasche wieder entfalten.

3. Klebstoff auf die rechte und die untere Lasche auftragen.

4. Die große Lasche umfalten. An der oberen Lasche
bleibt der Umschlag offen, sie lässt sich dann nach innen schieben.

UMSCHLAG

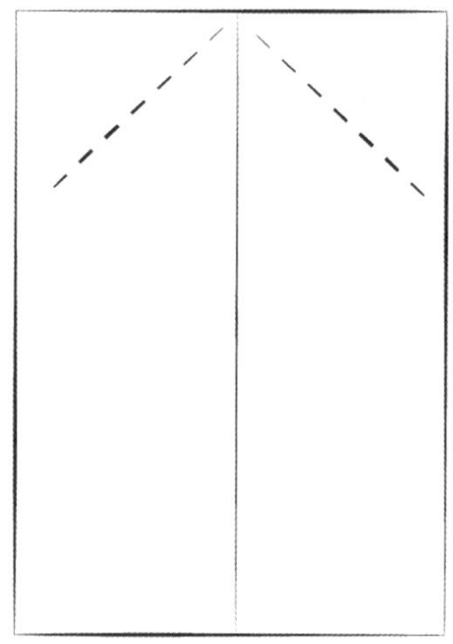

1. Das Papier der Länge nach in der Mitte falten und wieder entfalten, sodass ein Faltlinie in der Mitte entsteht.

2. Die rechte obere Ecke zur Mittellinie falten.

3. Die linke obere Ecke genauso falten.

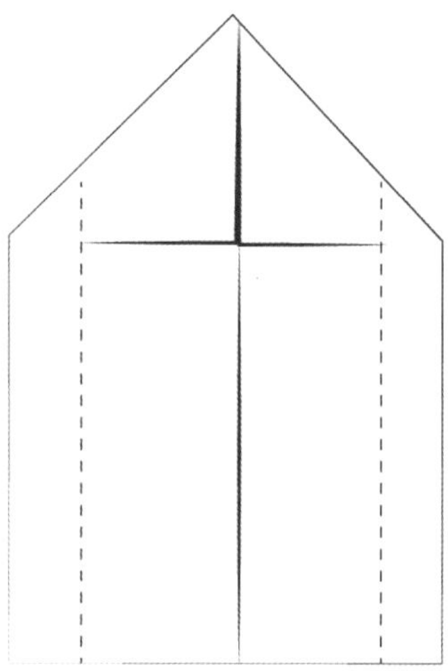

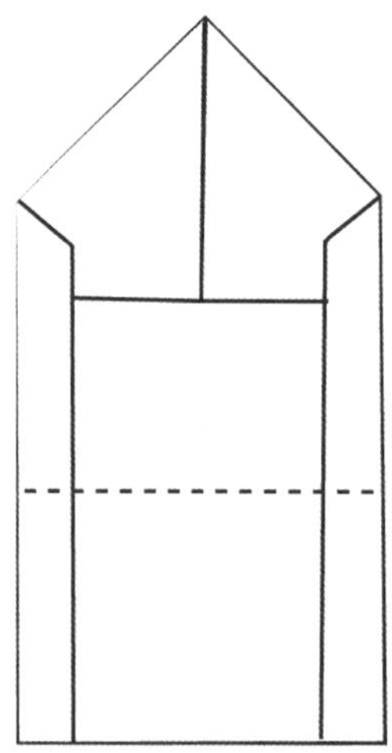

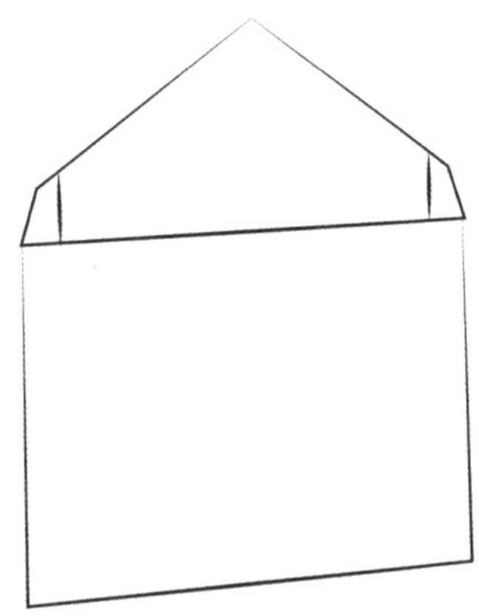

4. Das Blatt am linken Rand unterhalb des Dreiecks fassen und die rechte Papierkante wie abgebildet nach innen falten. Mit der linken Papierkante wiederholen.

5. Das untere Ende des Blattes an den waagerechten Rand unterhalb des Dreiecks falten. Das Dreieck nach unten falten und wieder entfalten.

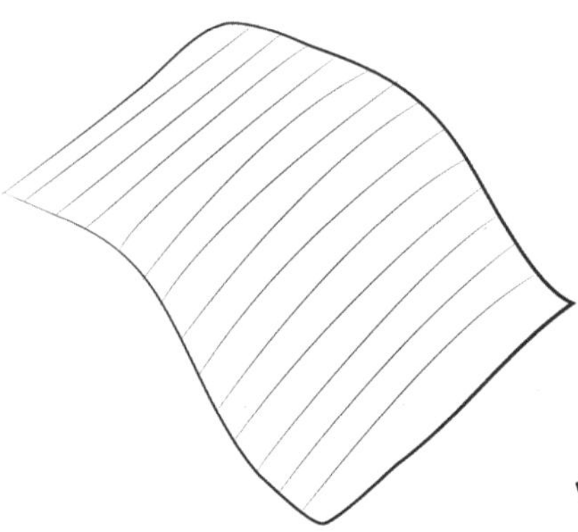

6. Die Nachricht zwischen die Laschen des Dreiecks und die beiden Laschen an der Seite stecken.

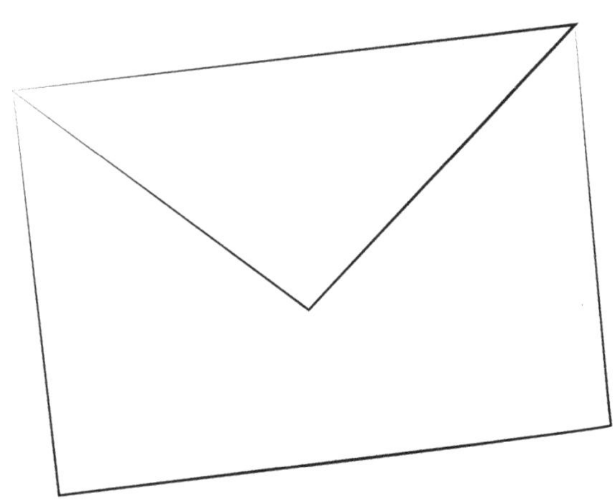

7. Den Umschlag verschließen. Dazu die dreieckige Lasche mit einem kleinen Stück Klebeband an der Rückseite des Umschlags befestigen. Damit der Umschlag auch sicher verschlossen ist, die Seiten mit Klebeband verschließen.

Geheim-botschaft

1. Ein Wattestäbchen in Milch tunken und eine Nachricht schreiben.

2. Trocknen lassen.

3. Damit die Nachricht sichtbar wird, muss das Papier erwärmt werden – eine Glühbirne reicht dafür aus. Milch wird langsamer warm als Papier, dadurch wird die Nachricht wieder lesbar.

Papierkorb-Basketball

Knüllen Sie gebrauchtes Papier zusammen und
fordern Sie Ihre Kollegen zu einer Runde Papierkorb-Basketball heraus.